BOURDALOUE

VIE D'UN JÉSUITE

DE LA

MAISON PROFESSE DE LA RUE SAINT-ANTOINE

AU XVIIe SIÈCLE

(avec plan)

Par E. de MÉNORVAL

PARIS

H. CHAMPION, LIBRAIRE

9, QUAI VOLTAIRE, 9

—

1897

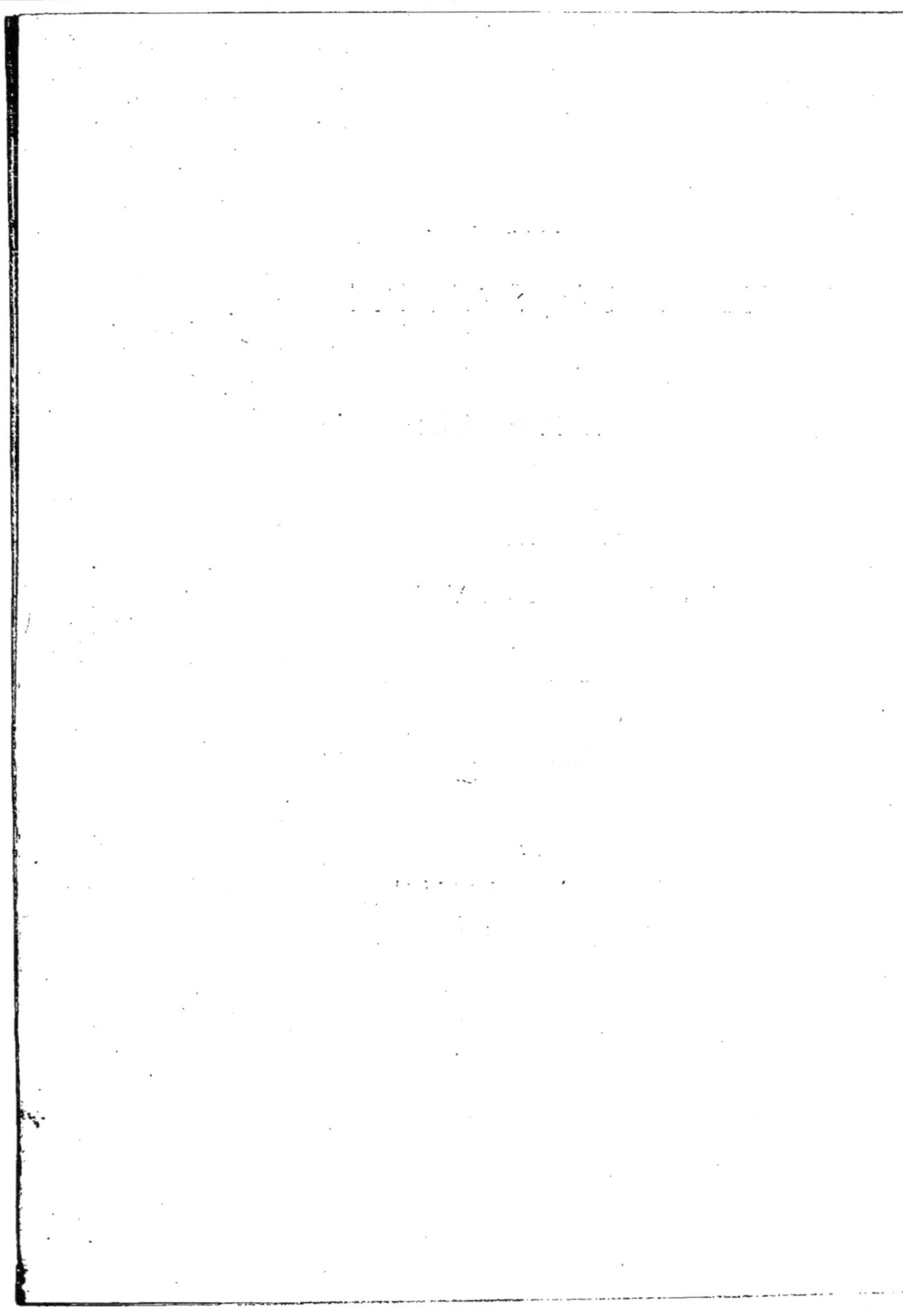

BOURDALOUE

LÉGENDE DU PLAN

1. Hôtel de Vitry.
2. Couvent des Minimes.
3. Hospitalières de la Charité.
4. Hôtel Dangeau.
5. Maison de Mansart.
6. Hôtel de Lavardin, puis de Rohan.
7. Filles de la Croix.
8. La Bastille.
9. L'Arsenal.
9'. Les Célestins.
10. Hôtel de Mayenne, puis d'Ormesson.
11. Filles de la Visitation de Sainte-Marie.
12. Hôtel de Lesdiguières.
13. Première demeure des Filles de la Visitation.
14. Hôtel de Charny.
15. Hôtel de Lyonne.
16. Hôtel de Brinvilliers.
17. Hôtel de Maillé.
18. Saint-Paul, son cimetière, ses charniers.
18'. Prison de Saint-Eloy.
19. Tourelle.
20. Hôtel de Vieuville.
21. Hôtel Fieubet.
22. Ile Louviers.
23. Hôtel Lambert.
24. Hôtel de Tessé.
25. Hôtel de Richelieu.
26. Hôtel de Bretonvilliers.
27. Pont Marie.
28. Hôtel de Sens et hôtel de l'abbesse d'Hyères.
29. L'Ave Maria.
30. Hôtel d'Angennes.
30'. Hôtel Bazin de Bezons.
31. Hôtel d'Hugues Aubriot ou des Prévots de Paris ; ensuite hôtel de Jassaud.
32. Maison Professe et Eglise Saint-Louis.
33. Hôtel d'Aumont.
34. Hôtel de Fourcy.
35. Hôtel de Beauvais.
36. Le Petit-Saint-Antoine.
37. Hôtel de la Force.
38. Hôtel Pinon de Quincy (aujourd'hu caserne des pompiers).
39. Place et Fontaine de Birague (ancienne Porte Baudet).
40. La Culture Sainte-Catherine.
41. Hôtel de Sully.
42. Hôtel de Chaulne, plus tard Nicolaï.
43. Hôtel de Villacerf, puis d'Ormesson.
44. Hôtel d'Angoulème, puis de Lamoignon.
45. Hôtel de Savoisy, puis de Lorraine.
46. Hôtel de Guénégaud, puis d'Albret.
47. Hôtel Carnavalet.
48. Les Annonciades ou Filles Bleues.
49. Hôtel Lepelletier.
50. Tour Montgomery, ancienne poterne Saint-Paul.
51. Tour de l'enceinte de Philippe Auguste.
52. Poterne des Vignes, ou poterne de la Béguinière.
53. Jeu de paume de la Croix-Noire, où Molière installa l'Illustre Théâtre.
54. Tour du Coin et Chantier du Roi.
55. Hôtel de l'Abbaye de Barbeaux.
56. Chaine traversant la rivière.
57. Cour de Venise.
58. Hôtel de Saint-Géran.
59. Hôtel de Joyeuse.
60. Hôtel habité par Richelieu, place Royale, avant qu'il fit construire le Palais-Cardinal.

QUARTIER ST PAUL

VERS 1700

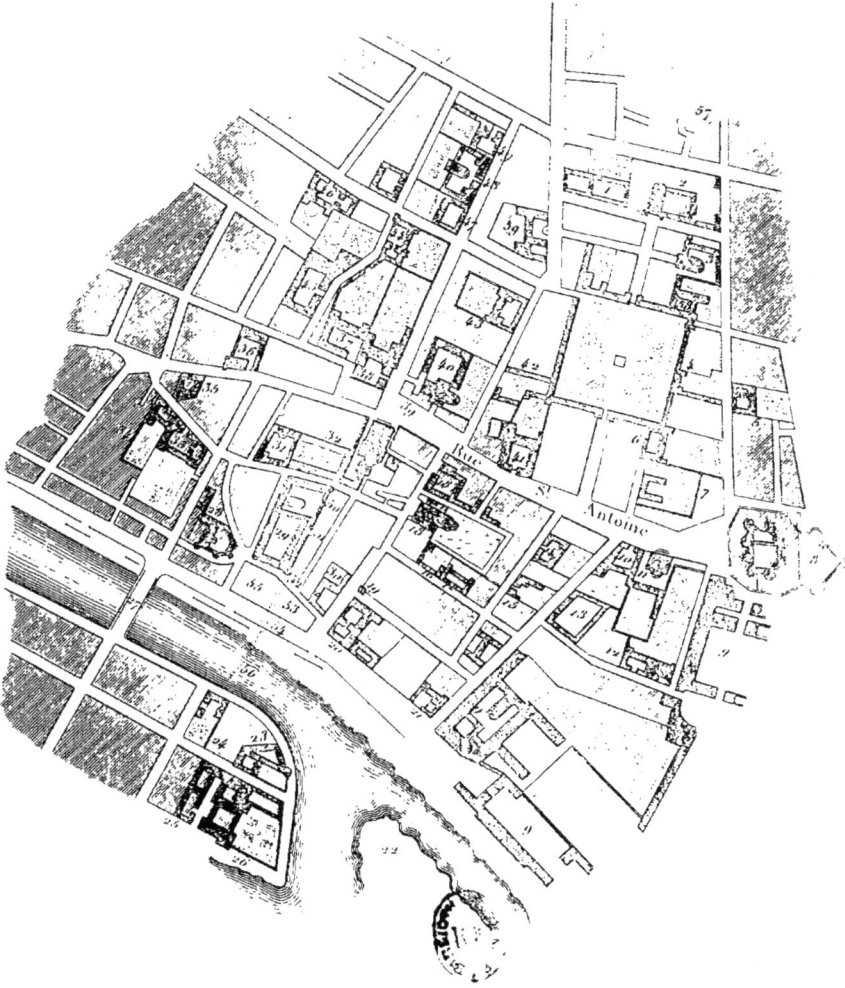

Échelle de 1 millimètre pour 10 mètres

Dessiné par E. de Menorval

tirane par Duie

BOURDALOUE

VIE D'UN JÉSUITE

DE LA

MAISON PROFESSE DE LA RUE SAINT-ANTOINE

AU XVIIe SIÈCLE

(avec plan)

PAR E. DE MÉNORVAL

PARIS

H. CHAMPION, LIBRAIRE

9, QUAI VOLTAIRE, 9

1897

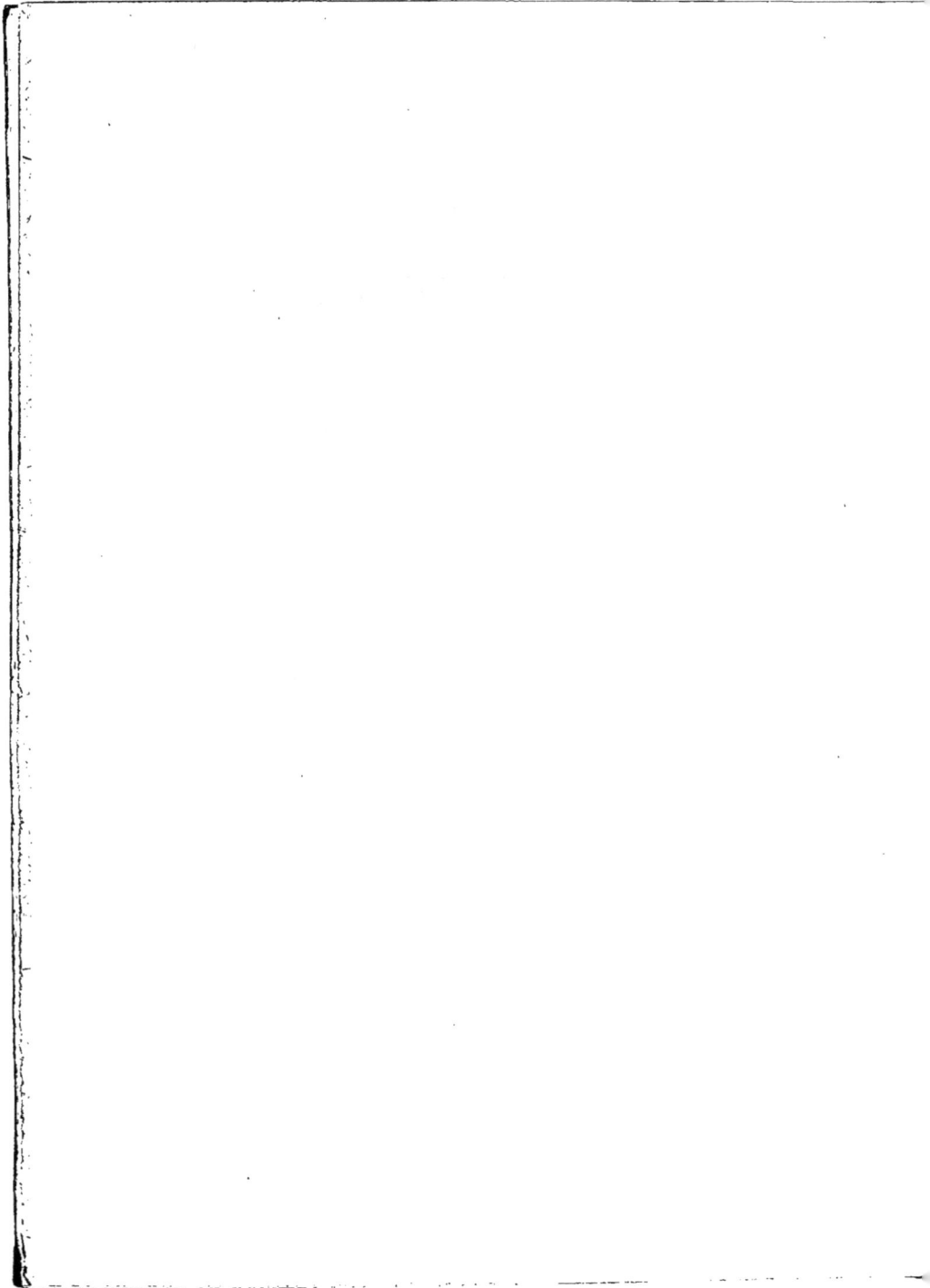

« Init ; eo dicente, Deūm domus alta silescit. »

Il y a quelques années déjà qu'en faisant des recherches sur les Jésuites de la Maison professe de la rue Saint-Antoine, je m'étais proposé d'étudier le plus grand d'entre eux, le P. Bourdaloue, dont le souvenir remplit encore tout le quartier Saint-Paul. C'est à la Maison professe qu'il est mort; c'est dans la crypte de l'ancienne chapelle, devenue l'église Saint-Paul-Saint-Louis, que son corps repose aujourd'hui. Les plus beaux hôtels du voisinage rappellent les noms de ses hôtes, de ses amis, de ses admirateurs, Lamoignon et Sévigné, Racine et Boileau, les PP. Rapin et Bouhours, Mme de

1

Lesdiguières et le cardinal de Retz, Pellisson,
Huet, évêque d'Avranches, et Corbinelli.

En écrivant l'éloge de Bourdadaloue, je
n'ai pas cru le tirer de l'oubli, ce serait
trop dire, mais j'ai voulu ramener l'attention
sur lui et sur ses œuvres un peu négli-
gligées de nos jours. Le dix-septième siècle en
faisait si grand cas que nous avons fini par l'admirer de confiance, presque sans le lire, l'Uni-
versité ne lui ayant pas même donné une place
parmi ses classiques. L'uniformité de l'existence
du P. Bourdaloue a été pour quelque chose dans
cette espèce d'abandon : prêtre et prédicateur,
rien de plus, sa physionomie a peu à peu pâli
à côté de celle des Bossuet, des Fénelon, des
Fléchier, des Massillon, politiques, narrateurs,
poètes, romanciers, revêtus de fonctions importantes, hauts dignitaires de l'Eglise. Ce n'est
pourtant pas son moindre titre à l'estime de la
postérité que d'avoir laissé si peu de prise au

biographe : point d'événements , une seule
aventure, dans la longue vie de ce religieux,
qui ne quitte sa retraite que pour faire entendre au peuple les consolations de l'Evangile, et
aux grands la voix courageuse de la vérité ; qui,
au sortir de Saint-Germain, de Versailles ou
des Tuileries, se repose dans les pratiques les
plus humbles de son ministère, et que l'on con-
naîtrait à peine, si on ne l'entrevoyait, par une
échappée, convive aimé et respecté dans la société choisie que le goût des lettres réunissait
chaque semaine chez le président de Lamoignon (1). Il offre à un haut degré le type chré-

(1) Qui habitait rue Pavée l'ancien hôtel d'Angoulême,
toujours existant à l'angle de la rue des Francs-Bourgeois. Le premier président y recevait chaque semaine
une société de personnes choisies qui y tenaient de véritables conférences académiques : Boileau, Corbinelli,
Racine, Bourdaloue, Pellisson, l'abbé Fleury, les PP. Rapin, Bouhours, Gaillard, etc.
   Le 19 août 1667, le P. Rapin lut devant cette docte
assemblée son *Discours académique sur la comparaison
entre Virgile et Homère.*
   Bourdaloue a vécu dans la plus grande intimité avec

tien du *vir bonus dicendi peritus*; c'est à la fois l'homme de bien et l'orateur célèbre dont j'entreprends ici de reconstruire la biographie, de faire aimer les vertus et d'apprécier le talent.

I

Le quatrième dimanche de l'Avent de l'année 1670, un prêtre encore jeune affrontait la chaire des Tuileries et prêchait *sur la sévérité de la pénitence*. « Tout ce qui est au monde étoit à ce sermon » dont le sujet seul suffisait à piquer la curiosité de l'auditoire. Le prédicateur appartenait à la compagnie de Jésus, et plus d'un courtisan put murmurer le refrain de la jolie ballade de La Fontaine :

le premier président Guillaume de Lamoignon, mort le 10 décembre 1677, et avec l'avocat général Chrétien-François, mort le 7 août 1709. Tous les deux le recevaient, non seulement à Paris, mais dans leur château de Bâville, entre Arpajon et Dourdan.

Veut-on monter sur les célestes tours,
Chemin pierreux est grande rêverie,
Escobar sait un chemin de velours.

Mais, dès les premiers mots, l'orateur montra
qu'il se tenait également éloigné de ceux « qui
corrompoient la pénitence par un excès de relâchement, et de ceux qui en détruisoient tout
à fait l'usage par un excès de sévérité .» Il en
établissait ensuite le vrai caractère :

« Si, [jusque dans le sacré tribunal, je me
« flatte moi-même, si j'use de dissimulation
« avec moi-même, si je suis d'intelligence
« avec ma passion, si je me prévaux contre
« Dieu de ma fragilité, si je qualifie mes pé-
« chés de la manière qu'il me plaît, adoucissant
« les uns, déguisant les autres, donnant à
« ceux-ci l'apparence d'une droite intention,
« couvrant ceux-là du prétexte d'une malheu-
« reuse nécessité, si je décide toujours en ma
« faveur, si, dans les doutes qui naissent sur
« certaines injustices que je commets, et qui

« attirent après elles des obligations onéreuses,
« je conclus dans tous mes raisonnemens à ma
« décharge, en sorte que, quelque injure ou
« quelque dommage qu'ait reçu de moi le pro-
« chain, je ne me trouve jamais obligé, selon
« mes principes, à nulle réparation ; enfin, si
« pour ne me pas engager dans une discussion
« et une recherche qui me causeroit un trouble
« fâcheux, mais un trouble salutaire, mais un
« trouble nécessaire, je me contente d'une
« revue précipitée, et si, pour user de cette ma-
« nière de parler, j'étourdis les difficultés de
« ma conscience, plutôt que je ne les éclaircis;
« si c'est ainsi que je me comporte, ah! ma
« pénitence n'est plus qu'une pénitence chimé-
« rique et réprouvée de Dieu ! »

Et il ajoutait, non sans finesse :

« S'il étoit question de juger les autres et de
« prononcer sur les actions du prochain, je
« n'aurois garde de vous exhorter à la sévérité,

« je sais qu'alors nous ne sommes que trop
« exacts et trop enclins à censurer et à con-
« damner ; mais quand il s'agit de nous-mêmes,
« dont nous sommes idolâtres et pour qui nous
« avons, non pas seulement des tendresses,
« mais des délicatesses infinies, quel parti plus
« raisonnable et plus sûr puis-je vous propo-
« ser, que celui d'une rigueur sage, mais in-
« flexible ?

« N'avez-vous pas éprouvé cent fois que les
« injures les plus légères nous paraissent des
« outrages dès qu'elles s'adressent à nous, et
« qu'au contraire les outrages les plus réels,
« quelquefois même les plus sanglans, s'anéan-
« tissent, pour ainsi dire, dans notre estime
« et se réduisent à rien quand ils ne touchent
« que les autres ? »

Puis il faisait remarquer que le libertinage
du siècle ne semble vouloir une pénitence extrême, sans adoucissement, sans attrait, que
parce qu'il n'en veut pas du tout ?

« Si je la faisois, dit-on, c'est ainsi que
« je la voudrois faire ; mais on en demeure
« là, et l'on se sait bon gré de cette disposi-
« tion prétendue où l'on est de la bien faire,
« supposé qu'on la fît, quoi qu'on ne la fasse
« jamais. »

S'élevant enfin à un mouvement de véritable éloquence, il termine par cette apostrophe :

« Combien y en a-t-il dans cette assemblée
« pour qui l'instant de la mort est proche, et
« combien de ceux mêmes qui s'en croient les
« plus éloignés ? Si Dieu, au moment que je
« parle, me les désignoit en particulier, et
« que, m'adressant à chacun d'eux, je leur dise
« de cette chaire : C'est vous, mon cher audi-
« teur, qui n'y pensez pas, c'est vous qui de-
« vez mettre ordre à votre conscience, car vous
« mourrez dès demain, et voici le dernier
« avertissement que je vous donne. Si je leur

« parlois ainsi, et qu'ils fussent certains de la
« révélation que j'en aurais eue de Dieu, il
« n'y en auroit pas un qui ne se convertît, pas
« un qui ne renonçât dès aujourd'hui à tous
« ses engagemens, pas un qui n'acceptât la
« pénitence la plus sévère que je pourrois lui
« imposer : Pourquoi? Parce qu'ils seroient
« assurés que leur dernier jour approche, et
« qu'ils ne voudroient pas perdre le temps qui
« leur resteroit. Ah ! chrétiens, pourquoi ne
« faites-vous pas ce que feroient ceux-ci, et
« pourquoi ne font-ils pas eux-mêmes dès
« maintenant ce qu'ils feroient alors? Avons-
« nous une caution contre l'inconstance de la
« vie et l'incertitude de la mort ? Ce que nous
« ne voulons pas faire présentement, et ce que
« nous pouvons néanmoins faire utilement,
« sommes-nous certains que nous aurons dans
« la suite le temps de le bien faire? Qui vous
« répond de Dieu? Qui vous répond de vous-

« mêmes? Les exemples de tant d'autres qui
« ont été surpris, et des exemples présens, des
« exemples domestiques, ne doivent-ils pas
« vous faire trembler? Les avez-vous déjà ou-
« bliés? »

Le souvenir de la malheureuse Henriette
d'Angleterre, morte moins de six mois auparavant, remua alors chacun jusqu'au fond de
l'âme, pendant que le P. Bourdaloue répétait :
Pœnitentiam agite.

Un passage au moins de ce beau sermon devait pourtant irriter quelques-uns de ceux qui
l'entendirent.

Par une allusion trop évidente aux Jansé-
nistes, l'orateur avait dit :

« Il se trouve quelquefois, entre les minis-
« tres de Jésus-Christ et les pasteurs de son
« troupeau, des hommes zélés, mais d'un zèle
« qui n'est pas selon la science, des esprits
« toujours portés aux extrémités, qui, pour ne

« pas rendre la pénitence trop facile, la rédui-
« sent à l'impossible; qui n'en parlent jamais que
« dans des termes capables d'effrayer ; qui la
« proposent crûment et d'une manière sèche,
« sans y mettre jamais ce tempérament d'a-
« mour et de confiance qui en doit être insé-
« parable ; qui croient avoir beaucoup fait
« quand ils ont, non pas redressé, mais em-
« barrassé et troublé une conscience faible,
« et qui, manquant dans le principe, ne font
« jamais envisager Dieu au pécheur que sous
« une forme terrible, comme s'ils craignoient
« qu'il n'y eût, pour ainsi dire, du danger
« pour Dieu à paroître miséricordieux et aima-
« ble, et qu'ils souhaitassent eux-mêmes qu'il
« le fût moins. »

A ces derniers mots, la princesse de Conti ne
put réprimer un geste de mécontentement.
C'était cette belle Anne-Marie Martinozzi (1),

(1) Nièce de Mazarin ; — née en 1637 ; — mariée à dix-

veuve d'un mari indigne d'elle « qu'elle aima
pourtant comme une idole ; » un instant l'objet
des attentions de Lonis XIV, dont elle sut mé-
riter le respect et qui, « d'honnête païenne »
qu'elle avait été dans sa première jeunesse,
« s'étoit trouvée tout d'un coup, sans savoir
comment, tournée à Dieu », sous la direction,
il faut le dire, du saint évêque Pavillon.

Pendant un hiver rigoureux, elle avait vendu
ses pierreries pour secourir les pauvres ; Lancelot élevait ses deux fils, et Port-Royal n'avait
pas de protectrice plus sûre et plus courageuse.

sept ans, le 22 février 1654, à Armand de Bourbon,
prince de Conti ; — veuve à vingt-neuf ans, le 21 février 1666 ; — morte le 4 février 1672 à trente-cinq ans.
— En Languedoc, où elle suivit son mari, gouverneur
de la province, elle se livra à la direction de l'évêque
d'Aleth, Nicolas Pavillon. C'est ainsi qu'elle devint la
protectrice de Port-Royal et qu'elle fut appelée « l'une
des Mères de l'Eglise. » Elle confia à Lancelot l'éducation de ses enfants, et, pendant l'hiver de 1661-62, l'un
des plus rudes dont on ait gardé la mémoire, elle donna
aux pauvres plus de huit cent mille livres et fit vendre
ses pierreries et son collier de perles, estimés à cent
mille livres.

Bourdaloue, presque à ses débuts, inquiet peut-être, pour son Ordre, d'avoir irrité une princesse estimée de tous, alla aussitôt lui porter des excuses qu'elle sembla avoir accueillies froidement. Si son grand cœur conserva quelque rancune, ce ne fut que pour peu de temps. Comme désignée par ces paroles terribles : « Combien y en a-t-il dans cette assemblée pour qui l'instant de la mort est proche ? » elle survécut un an à peine, et mourut frappée d'apoplexie le 4 février 1672.

C'est ainsi qu'après la paix de l'Eglise, au moment où Port-Royal rentrait en grâce, où Pomponne, près de devenir ministre, présentait au roi le Grand Arnault ; où les amis de Pascal publiaient ses *Pensées*, où l'étoile des Jésuites semblait enfin pâlir, Bourdaloue apparut tout à coup, s'emparant de la chaire avec une autorité qui, de jour en jour, plus sensée, plus mesurée, a fait dire à l'un de nos plus grands

2

critiques : « Si tous les Jésuites lui eussent res
semblé pour la doctrine, ce qu'on a appelé
jansénisme devenait inutile et n'avait plus de
raison d'être (1). » Cette autorité pourtant ne
s'établit pas d'abord sans quelque lutte, nous
venons de le voir, et un *Mémoire* du temps,
présenté au roi par Mme de Longueville, parle
du P. Bourdaloue « célèbre par ses prédica-
tions, et plus célèbre encore, s'il se peut, par
son zèle amer et ses emportemens. » Hâtons-
nous d'ajouter que Mme de Sévigné, placée pour
mieux voir, en bonne curieuse, sur les fron-
tières des deux camps, s'écriait de son côté avec
sa verve ordinaire : « Le P. Bourdaloue prêche!
Bon Dieu! tout est au-dessous des louanges
qu'il mérite. »

(1) Sainte-Beuve, *Causeries du lundi*, tome IX

II

Celui qui inspirait de telles colères et un tel enthousiasme, Louis Bourdaloue, était né à Bourges, sur la paroisse du Fourchaud, quelques jours avant le 29 août 1632 (1), de noble homme, Etienne Bourdaloue, avocat en parlement, et de demoiselle Anne Le Large. Nous ne savons rien d'Anne Le Large, sinon qu'elle était fille d'un lieutenant des aides de Charost, et qu'elle mourut à quatre-vingt-neuf ans ; mais

(1) Il fut baptisé le 29 août : il était donc né la veille, ou quelques jours auparavant, et la date du 20 août, donnée pour celle de sa naissance par presque tous les biographes, n'est peut-être pas « si fautive » que l'imagine M. Chevalier de Saint-Amand. Celui-ci a eu le mérite de nous faire connaître l'acte de baptême de Bourdaloue, mais il ne semble pas avoir soupçonné que tout enfant n'est pas nécessairement baptisé le jour de sa naissance.

Voir : Chevalier de Saint-Amand, *Notice biographique sur le P. Bourdaloue*, Bourges, 1842.

Etienne Bourdaloue était remarquable, dit le
P. Bretonneau, « par une grâce singulière à
parler en public. Il avoit eu dans sa jeunesse
la vocation d'être jésuite, et ne l'avait pas suivie. Le ciel voulut que le fils remplaçât le
père, et le père, craignant de s'opposer une seconde fois aux desseins de la Providence, se
crut obligé, *après quelques difficultés*, de con-
descendre aux instances de son fils et d'en
faire le sacrifice. »

Mme de Pringy (1), nous apprend ce que furent ces quelques difficultés auxquelles le
P. Bretonneau fait si discrètement allusion. Le
jeune Bourdaloue, contrarié dans son désir
d'embrasser la vie religieuse, s'était échappé de
la maison paternelle — comme plus tard Diderot,
bizarre coïncidence, on l'avouera (2), — et était

(1) « *La Vie du P. Bourdaloue*, par la dame de Pringy,
Paris, chez P. Ribou, sur le quay des Augustins, à la
descente du Pont-Neuf, à l'Image saint Louis. — 1705. »
(2) Entré aux Jésuites de Langres à l'âge de neuf ans,
Diderot y fut tonsuré à douze ans *par provision*. Se

venu jusqu'à Paris se réfugier au Noviciat des Jésuites (1). Son père courut l'y chercher et le ramena à Bourges ; mais au bout de trois mois, persuadé enfin qu'il avait affaire à une vocation sérieuse que la résistance ne faisait qu'affermir, il céda, quoique à regret, et le reconduisit lui-même à Paris. Devenu échevin, conseiller au présidial de Bourges, il avait rêvé pour son fils unique un établissement et les honneurs auxquels la noblesse de robe pouvait alors aspirer.

maîtres, — d'après une anecdote dont les détails se contredisent, — lui auraient conseillé de s'enfuir de la maison paternelle, pour aller achever ses études à Paris, à leur collège de Louis-le-Grand. M. Diderot père surprit son fils pendant qu'il préparait son évasion ; céda sur un point, le conduisit à Paris, non pas chez les Jésuites, mais au collège d'Harcourt. Cela se passait vers 1727.

(1) Le Noviciat des Jésuites était situé dans la petite rue du Pot-de-fer-Saint-Sulpice, confondue aujourd'hui avec la rue Bonaparte, dans la partie qui aboutit rue de Vaugirard.

On conserve à la bibliothèque de Bourges deux volumes obtenus en prix chez les Jésuites de cette ville par l'élève Louis Bourdaloue avant son départ pour Paris, l'un dans la classe de seconde, le 31 août 1644 ; l'autre, dans la classe de rhétorique, le 21 août 1646.

Ce fut pour lui un grand deuil de renoncer à de si douces espérances.

A l'âge de seize ans, le 16 novembre 1648, Bourdaloue prit l'habit de jésuite. Pendant les dix-huit années qui suivent, nous le perdons presque de vue ; il les passe obscurément et fructueusement dans tous les exercices de la Compagnie, complétant ses propres études, enseignant successivement la grammaire, la rhétorique (1), la philosophie, la théologie morale, « se distinguant partout, donnant partout des preuves de la supériorité et de l'étendue de son esprit (2). » Vers 1657, il achevait au collège de Clermont l'éducation du jeune Louvois, au moment même où Bossuet, plus âgé que lui de cinq ans, prêchait pour la première fois à Paris. Ces quelques renseignements sont loin

(1) Il reste de cette époque de sa vie une *Rhétorique*, en latin, traduite par M. Profillet et éditée à la librairie Bélin.

(2) Le P. Bretonneau : *Préface des œuvres de Bourdaloue.*

de satisfaire notre curiosité. Quelles furent les
luttes de son adolescence? Son âme fut-elle un
jour en proie à ces troubles, à ces passions
contenues dont on surprend la trace chez un
Bossuet ou un Massillon? Je ne le crois pas : il
semble avoir trouvé de bonne heure le calme
que donnent à certaines natures les fortes con-
victions (1). La décision d'esprit que, si jeune,
il avait montrée, ne l'abandonna jamais ; jamais
il ne regretta le plan de vie qu'il s'était tracé
dès l'enfance, et qu'il accomplit jusqu'au bout,
sans déviation, sans hésitation d'un instant.

En 1666, Bourdaloue commence à prêcher
en province. Les amateurs d'anecdotes ne man-
quent pas de raconter que le hasard seul fit découvrir à lui-même et à ses supérieurs ses
facultés oratoires. Ses véritables dispositions,

(1) « Il n'y a guère à compter que sur les vertus du
tempérament ; confiez votre vin plutôt à celui qui ne
l'aime pas naturellement, qu'à celui qui forme tous les
jours de nouvelles résolutions de ne pas s'enivrer. »
                                    DUMARSAIS.

jusque-là méconnues, ne se seraient révélées
qu'à la suite d'un accident qui força un confrère à interrompre subitement une retraite
commencée. Le P. Bretonneau dit seulement :
« Divers sermons qu'il prêcha, pendant qu'il
enseignoit la théologie, furent si bien reçus et
tellement applaudis, que ses supérieurs se dé-
terminèrent à l'appliquer au ministère de la
prédication. » Il parcourut donc la France
pendant trois ans (1666-69). On l'entendit à
Amiens, à Rouen (1), à Rennes, dans la ville
d'Eu, où la grande Mademoiselle le connut et
conçut pour lui une affectueuse estime qui ne
cessa qu'avec la vie. On raconte qu'à Bourges,
l'archevêque Jean de Montpézat de Carbon,
après l'avoir comblé de félicitations, le retint à

(1) « Dans cette ville, dit un jésuite contemporain, le
P. d'Harrouis, Bourdaloue bouleversa tous les esprits:
les artisans quittoient leurs ateliers, les marchands leurs
boutiques, les magistrats le Palais, les médecins leurs
malades pour aller l'entendre ; mais, ajoute le bon Père,
quand j'y alloi l'année suivante, j'eus bientôt fait de remettre tout en ordre, et personne ne se dérangea plus. »

diner pour le lendemain, et la tradition ajoute
qu'il ne fallut rien moins que cette dernière
circonstance pour persuader Mme Bourdaloue du
mérite de son fils (1), tant il est vrai qu'on n'est
jamais prophète chez soi !

L'auteur d'un intéressant ouvrage sur *les
Orateurs sacrés à la cour de Louis XIV* (2),
fait remarquer qu'aujourd'hui, pour réussir en
province, un prédicateur doit avoir obtenu de
vifs succès dans la capitale. Au xviiie siècle, un
phénomène inverse se produisait. Bossuet,
Mascaron, Bourdaloue, Massillon, arrivaient de
la province, déjà célèbres ou déjà formés. Qui
sait s'ils auraient osé débuter dans les chaires
de la capitale sans s'être au préalable essayés
sur une scène plus restreinte ! Bourdaloue
n'eut point à se reprocher une trop grande pré-

(1) Chevalier de Saint-Amand : *Notice historique sur
le P. Bourdaloue.*
(2) L'abbé Hurel : *Les Orateurs sacrés à la cour de
Louis XIV*, Paris, Didier.

somption ; les contemporains sont unanimes à
témoigner qu'il dépassa tout ce qu'on attendait
de lui : « A peine eut-il paru dans l'église de
la Maison professe, dit le P. Bretonneau, que,
de tout Paris et de la cour même, une foule
prodigieuse d'auditeurs y accourut. » — « Dès
qu'il revint à Paris, dit le président de Lamoignon, il eut d'abord toute la réputation qu'il a
eue jusqu'à sa mort. » — Et Gui-Patin : « Il y
a ici un certain jésuite natif de Bourges, en
Berry, nommé Bourdaloue, qui prêche aux
Jésuites de la rue Saint-Antoine avec tant
d'éloquence et une si grande affluence du peuple que leur église est plus que pleine (1). » —
Mme de Sévigné enchérit sur tous : « On dit
qu'il passe toutes les merveilles passées, et que
personne n'a prêché jusqu'ici. » Son père,
moins sceptique que ne l'avait été Mme Bourda-

(1) Gui-Patin, *Lettres*, tome III, page 729. Édition Ré-
veillé-Parise, chez Baillière.

loue, entreprit le voyage alors long et pénible de Bourges à Paris, afin de voir dans toute sa gloire ce fils prôné par tant de voix..... Ce bonheur lui fut refusé ; la mort le surprit en chemin.

III

A partir du 25 décembre 1669, jour de Noël, où Bourdaloue prêcha pour la première fois à la Maison professe, rue Saint-Antoine, il appartient à la postérité, et les moindres détails qui le concernent deviennent intéressants ; mais il importe que nous nous rendions compte immédiatement des sources où nous avons pu puiser, de leur petit nombre et de leur valeur relative.

Tout d'abord, Mme de Sévigné offre une mine précieuse. Elle suit pas à pas son cher jésuite, son *grand Pan*, comme elle l'appelle, et elle reflète fidèlement le prestige incontestable que

Bourdaloue exerça d'emblée et sut conserver
jusqu'à la fin de ses jours (1). — Boileau,
Huet, nous livrent quelques détails intimes. —
Saint Simon ne parle de lui qu'une fois ou deux,
et vante la droiture de son cœur, la pureté de
sa doctrine (2). — Dangeau, et la Gazette ne
contiennent que des banalités sur « l'admiration, » la « merveilleuse satisfaction de toute
la cour, l'applaudissement général de l'auditoire, » le sermon qui fut « le plus beau du
monde, » qui fut « parfaitement beau. » Ils ne

(1) Lettre du 27 février 1679 : « Le P. Bourdaloue
tonne à Saint-Jacques de la Boucherie. Il auroit fallu
qu'il prêchât dans un lieu plus accessible ; la presse et
les carosses y font une telle confusion que le commerce
de tout ce quartier-là y est interrompu. »
Nouveau sujet de scandale pour le P. d'Harrouys !

(2) « La vérité est que le P. Bourdaloue, *aussi droit
en lui-même que pur dans ses sermons*, n'avait jamais
pu goûter le quiétisme. »
                              SAINT SIMON, année 1697.

« Le P. Bourdaloue, *ce fameux jésuite que ses admi-
rables sermons doivent immortaliser,* s'empara tout à fait
du maréchal de Luxembourg à ses derniers moments. »
                              SAINT SIMON, année 1695.

nous serviront qu'à fixer des dates. — A sa mort paraissent quatre documents importants, malgré leur brièveté, leur discrétion ; je ne veux pas dire leur sécheresse, puis qu'ils respirent une vive affection ; ce sont : 1° La lettre circulaire (lettre de faire part) du P. Martineau, supérieur de la Maison professe en 1704 ; — 2° Une lettre de Chrétien-François de Lamoignon à une personne de condition (1) ; — 3° La préface, mise en tête des sermons, par le P. Bretonneau ; — enfin, « *La Vie du P. Bourdaloue, par la dame de Pringy.* »

En les lisant, on ne peut s'empêcher de regretter qu'il ait été moins favorisé que beau-

---

(1) « Une longue habitude avoit formé entre nous une parfaite union ; la connaissance de son mérite l'avoit augmentée ; l'utilité de ses conseils, sa prudence, l'étendue de ses lumières, son désintéressement, sa fidélité, m'avoient engagé à n'avoir rien de caché pour lui. Il se trouvera peu d'exemples d'un ami dont on puisse dire ce que je dis de celui ci. Pendant *quarante-cinq ans* que j'ai été en commerce avec lui, mon cœur ni mon esprit n'ont rien eu pour lui de secret. »

coup de ses confrères dont nous possédons des
biographies étendues. C'est une lacune fâ-
cheuse dans l'histoire littéraire du xvııᵉ siècle.
Et qu'on ne dise pas que la vie uniforme d'un
religieux eût offert peu d'intérêt : quand je lis,
par exemple, dans les mémoires de Huet (1)
que, « pendant plusieurs années, Bourdaloue
montoit chez lui chaque soir et lui racontoit
complètement et avec amitié tout ce qu'il avoit
appris de nouveau, » ma curiosité s'éveille. Je
songe aux dîners de l'hôtel de Lamoignon, aux
fêtes champêtres de Bâville, aux grands succès
de la chaire, à des rapports de quarante années avec les personnes les plus considérables
de la cour et de la ville, et je déplore qu'un témoin, homme de goût et bien informé, ne nous
ait pas tenus davantage au courant.

Les sermons contiennent en foule, allusions,
portraits, compliments au roi ; mais, publiés en

(1) Huet, *Mémoires publiés par C. Nisard*, Paris, Ha-
chette, 1853.

1707, à une époque où presque tous les contemporains de Bourdaloue vivaient encore, leur
éditeur, le P. Bretonneau, n'a pas cru nécessaire de les annoter ; aussi rien de plus difficile,
dans la plupart des cas, que d'indiquer leur
date précise et même le lieu où ils ont été prêchés. Si Bourdaloue a été ainsi négligé dans sa
biographie, nous verrons plus loin que les critiques n'ont pas toujours jugé ses œuvres à un
point de vue bien équitable. Mais l'expression
de ces plaintes est déjà trop longue ; cherchons
plutôt à utiliser les matériaux dont nous pouvons disposer. Cette étude d'ailleurs n'est qu'un
essai que des recherches ultérieures pourront,
j'espère, rendre un jour plus complete.

Quand Bourdaloue revint à Paris, en 1669,
il n'y était pas inconnu : Son ancien élève,
Louvois, était au comble de la puissance ; sa
sœur avait épousé M. de Chamillard-Villatte,
d'une famille parlementaire dont quelques mem-

bres allaient bientôt arriver aux plus grands
honneurs (1); l'hôtel de Lamoignon lui était
ouvert depuis longtemps; de telles relations,
l'influence de sa Compagnie, purent contribuer,
autant que son mérite naissant, à le faire dési-
gner presque aussitôt pour la prédication à la
cour, où nous voyons qu'il fut chargé de l'Avent
de 1670.

Pour ce prêtre, dont l'austère jeunesse s'était

(1) Famille originaire de Bourges, qui commença à
s'illustrer du temps de Louis XIV. Je puis citer parmi
ses membres : le P. Chamillard, de la Compagnie de
Jésus, auteur de *Dissertations sur des médailles rares* ;
il mourut à la Maison professe de la rue Saint-Antoine,
le 1er juillet 1730 ; — Edme Chamillard, auteur d'une *Vie
de saint Edme, archevêque de Cantorbéry* ; — Michel de
Chamillard, contrôleur général des finances en 1699,
ministre de la guerre en 1701, mort le 14 avril 1721,
avec la réputation d'un brave homme et d'un pauvre
ministre.

Saint Simon cite de lui quelques traits d'un rare désintéressement : « Il rembourse à un client une somme
de vingt mille livres qu'il se reprochoit de lui avoir
fait perdre par sa négligence... Parvenu à la plus haute
situation, il n'en marie pas moins sa fille au fils de Dreux,
simple conseiller sans fortune, pour ne pas démentir
une promesse faite vingt ans auparavant.

passée loin du monde, usée et comme domptée
par les travaux de l'enseignement ou de la
chaire, quel spectacle que ce qu'on a appelé
« le plus beau moment du règne ! » Un roi qui,
à peine marié, délaisse la plus vertueuse des
épouses et lui impose la vie en commun avec ses
rivales ; qui, dans l'enivrement du pouvoir
absolu, ose, par des actes publics, exprimer « l'estime toute particulière » qu'il fait d'une
maîtresse, en lui confiant « les plus hauts titres
d'honneur ; » et qui légitime les fruits d'un
double adultère « par la tendresse que lui
donnoit la nature (1) ; » La Vallière fuyant

(1) Il est piquant de voir Louis XIV contribuer plus
que personne au monde à déprécier l'institution du
mariage, et à en considérer les effets civils comme nuls. Il
donne l'exemple d'un double adultère et préconise ce
qu'on appelle aujourd'hui l'*union libre*, en donnant à
ses enfants naturels tous les droits des enfants légi-
times.

« Les derniers temps de la vie du Roi ont été
principalement occupés à rendre ses bâtards puissants et redoutables.......Leur rang égalé à celui des
princes du sang coûta le renversement des lois du

à trois reprises ces lieux témoins de sa
chute, où pas une femme n'est respectée ; l'al-
tière Montespan fatiguant tout ce qui l'entoure
de ses violences et de sa jalousie ; abandonnée,
elle aussi, et cherchant à retenir par les plus
viles complaisances la faveur qui lui échappe ;
en proie à de telles fureurs que des soupçons
odieux pèsent sur elle quand meurt la jeune
duchesse de Fontanges ; un jeu effréné, défendu
vainement aux particuliers, autorisé par l'exemple du roi, gouffre honteux où va sombrer
l'honneur de maint courtisan trop habile ; les
plus grands seigneurs du royaume se faisant

royaume les plus anciennes, les plus saintes, les plus
fondamentales, les plus intactes........Ce mélange du
plus pur sang de nos rois avec la boue infecte du double adultère a été le constant ouvrage de toute la vie
du Roi. Il a eu l'horrible satisfaction de porter au comble un mélange inouï dans tous les siècles. après avoir
été le premier de tous les hommes, de toutes les nations,
qui ait tiré du néant les fruits du double adultère, et
qui leur ait donné l'être,........dont le monde entier,
et policé et barbare, frémit d'abord puis s'accoutuma. »

SAINT-SIMON

délateurs pour s'enrichir des biens de ceux
qu'ils dénoncent ; la corruption la plus criminelle étalée en haut cyniquemement, gagnant
la bourgeoisie et le peuple, et éclatant tout-à-
coup dans l'abominable affaire des poisons dont
on ne sondera jamais toute l'iniquité (1); une
hypocrisie profonde, une élégance raffinée,
masquant ces vices, les rendant même aimables à la postérité abusée ; et pour nourrir le
luxe, élever les palais, payer les robes « d'or
sur or rebrodé d'or, » bien loin, là bas,
répandus par la campagne, ces animaux farou-
ches, mâles et femelles, noirs, livides, et tout
brûlés du soleil, dont la Bruyère évoquera un
jour l'effrayante image dans quelques lignes
immortelles !

« Quand on approche de cette Avenue de Ver-
« sailles, disait Massillon, on sent un air amol-

(1) Voir Pierre Clément : *La Police sous Louis XIV*,
Chapitres IV et VII, et du même auteur : *Mme de Montespan et Louis XIV*... Paris, Didier.

lissant. » Bourdaloue fut inaccessible au
charme. Dans ce monde si brillant, il ne voit
que des malades ; il n'en désespère point,; et
distingue d'abord parmi eux ce prince qui
lui paraît plus égaré que coupable ; qui eut une
qualité bien rare dans le rang suprême, celle de
supporter la vérité, de la rechercher quelquefois,
de l'écouter souvent ; c'est droit à lui que va
l'orateur chrétien.

Bourdaloue, Madame de Maintenon, et le P.
de la Chaise (poussé par eux avec bien de la
peine) s'étaient ligués pour arracher le roi à
d'indignes amours (1). En 1671, puis en 1674,
Bossuet était parvenu 'à éloigner définitive-
ment La Vallière ; c'est Madame de Montespan
que Bourdaloue, l'année suivante, cherche à
bannir du cœur de Louis XIV.

Prêchant sur la résurrection de Jésus-Christ,
le jour de Pâques :

(1) P. Clément, *Mme de Montespan et Louis XIV.*

« Mes frères, dit-il, jusque dans le tribunal
« de la pénitence, nous mentons au Saint-
« Esprit, en détestant de bouche ce que nous
« aimons de cœur, en disant que nous renon-
« çons au monde, et ne renonçant jamais à ce qui
« entretient dans nous l'amour du monde ; en
« donnant à Dieu des paroles que nous ne
« comptons pas de garder et que nous ne som-
« mes pas, en effet, bien déterminés à tenir,
« ayant avec Dieu moins de bonne foi que nous
« n'en avons avec un homme, et même avec le
« dernier des hommes. Nous imposons au
« monde par je ne sais quelle fidélité à nous
« acquitter dans ce saint temps du devoir
« public de la religion ; par l'éclat de quelques
« bonnes œuvres passagères ; par une osten-
« tation de zèle sur des points, où, sans être
« meilleur, on en peut avoir ; par quelques
« réformes dont nous nous parons et à quoi
« nous nous bornons, tandis que nous ne tra-

« vaillons pas à vaincre nos habitudes crimi-
« nelles et à mortifier les passions qui nous
« dominent. »

Après ces généralités que chacun dans
l'auditoire pouvait prendre pour soi, l'allusion
devient plus directe :

« On rompt une attache criminelle, mais on
« ne la rompt pas tellement qu'on ne s'en
« réserve, pour ainsi dire, certains droits à
« quoi l'on prétend que la loi de Dieu n'oblige
« pas en rigueur de renoncer ; certains com-
« merces que l'honnêteté et la bienséance sem-
« blent autoriser, certaines libertés que l'on
« s'accorde, en se flattant qu'on n'ira pas plus
« loin. »

Tout en paraissant s'adresser aux courtisans,
il aiguillonne le roi qui hésite :

« Si vous êtes vraîment convertis, il faut
« que l'on ne vous connoisse plus, ou plutôt
« que vous ne vousconnoissiez plus vous-mêmes

« selon la chair ; que vous ne cherchiez plus à
« satisfaire les désirs déréglés de la chair ; que
« vous ne soyez plus esclaves de cette chair
« qui vous a jusqu'à présent dominés ; que
« cette chair purifiée par la pénitence, ne soit
« plus désormais sujette à la corruption du
« péché, et que nous, les ministres du Seigneur
« qui gémissions autrefois de ne pouvoir vous
« regarder que comme des hommes sensuels et
« charnels, maintenant nous ayons la conso-
« lation de ne vous plus connoître tels que
« vous étiez, mais de vous connoître là-dessus
« divinement changés et transformés. »

Et, redoublant d'audace, ne s'adressant plus
qu'à un seul entre tous, oubliant toutes les
précautions ordinaires, le prédicateur s'écrie :

« Il faut, mon cher auditeur, que ce pro-
« chain, pour qui vous avez été un sujet de
« chute, profite de votre retour, et qu'il soit
« absolument détrompé des idées qu'il avoit

« de vous ; il faut qu'il s'aperçoive que vous
« n'êtes plus cet homme dont les exemples lui
« étoient si pernicieux ; que vous n'entretenez
« plus ce commerce, que vous ne fréquentez
« plus cette maison ; que vous ne voyez plus
« cette personne, que vous n'assistez plus à
« ces spectacles profanes, que vous ne tenez
« plus ces discours lascifs, en un mot que ce
« n'est plus vous. »

Alors la France se réjouira, dit-il :

« Car, dans l'état de votre péché, mon cher
« auditeur, vous étiez mort ; et combien d'âmes
« saintes pleuroient sur vous ! quelle douleur
« la charité qui les pressoit ne leur faisoit elle
« pas sentir à la vue de vos désordres ! avec
« quel serrement, ou, si vous voulez, avec
« quel épanchement de cœur n'en ont-elles pas
« gémi devant Dieu ! par combien de péni-
« tences secrètes n'ont-elles pas tâché de
« les expier ! Dieu enfin les a exaucées, et,

« selon leurs vœux, vous voilà spirituellement
« ressuscité. »

L'orateur se rend ensuite ce témoignage à
lui-même qu'il est pur devant Dieu, et innocent
de la perte des âmes, si parmi ceux qui l'ont
écouté, il y en avait encore qui dussent périr ;
c'est qu'il n'a caché aucune vérité et qu'il a
parlé avec liberté, quoique respectueusement.

« Quand vous envoyiez autrefois vos prophè-
« tes, ô mon Dieu, pour prêcher dans les cours
« des rois, vous vouliez qu'ils y parussent
« comme des colonnes de fer et comme des murs
« d'airain. Mais j'ose dire, Seigneur, que je n'ai
« pas même eu besoin de ce caractère d'in-
« trépidité pour annoncer ici votre Evangile,
« parce que j'ai eu l'avantage de l'annoncer à
« un roi chrétien. Vous défendiez à Jérémie de
« trembler devant les rois de Juda, *Ne for-*
« *mida a facie eorum* ; et moi, j'aurois
« plutôt à me consoler de ce que la présence

« du plus grand des rois, bien loin de m'ins-
« pirer de la crainte, a augmenté ma con-
« fiance ; bien loin d'affaiblir mon ministère
« l'a fortifié et autorisé. Car, la vérité que
« j'ai prêchée à la cour, n'a jamais trouvé
« dans le cœur de ce monarque qu'une sou-
« mission édifiante et une puissante protec-
« tion. »

Le lendemain lundi (1), Bourdaloue remonte
en chaire ; il prêche *sur la Persévérance
chrétienne* ; il cherche à assurer ce qu'il croit
avoir gagné la veille ; il condamne :

« Ces découragements qui nous font déses-
« pérer de soutenir le bien que nous avons
« commencé ; cette facilité malheureuse à
« reprendre le cours du mal que nous avions
« interrompu ; ces dégoûts de la piété, ces
« retours scandaleux au monde et à toutes les

(1) Quelques circonstances me font croire que ces
deux sermons furent prononcés le dimanche et le
lundi de Pâques, 14 et 15 avril 1675.

« vanités du monde ; ces apostasies de la dévo-
« tion souvent aussi funestes pour le salut que
« celles de la religion ; ces déplorables vicis-
« situdes de relâchement et de zèle, de pénitence
« et de rechute, de vie et de mort. »

Il arrache toute illusion à ceux qui ayant
reçu la grâce de Dieu, ne sont pas dans la
disposition de la conserver :

« Si vous n'êtes pas déterminés à sacrifier
« toutes choses pour faire toujours vivre cette
« grâce dans vos âmes ; si cette passion qui
« lui est contraire, mais à laquelle vous
« avez renoncé, après une trêve de quelques
« jours reprend encore l'ascendant sur vous ;
« si le divorce que vous avez fait avec la
« chair est semblable aux ruptures de ces âmes
« passionnées qu'on voit, après bien des éclats,
« bien des dépits, bien des reproches, revenir
« à de nouveaux engagemens, et s'attacher
« l'une à l'autre plus étroitement et fortement

« que jamais : si cela est, Chrétiens, désabusez-
« vous, et n'ajoutez pas au malheur de votre
« état le désordre d'un aveuglement volon-
« taire. »

Il répète un mot qui déjà avait dû faire
tressaillir le roi :

« N'avez-vous plus revu *cette personne*,
« écueil funeste de votre fermeté et de votre
« constance? N'avez-vous plus recherché ces
« occasions si dangereuses pour vous? »

Et il termine par cette objurgation, trop
claire pour qu'on y fût trompé :

« Non, mon cher Frère, ne pensez plus
« à secouer le joug du Seigneur que vous vous
« êtes imposé......ne vous arrêtez pas,
« comme Loth, à tout ce qui pourroit vous
« rapprocher de l'embrasement dont vous êtes
« sauvé : fuyez ces demeures agréables, mais
« dont l'air est si contagieux pour vous ; ces
« rendez-vous si propres à rallumer votre

« passion, ces jardins si commodes pour
« l'entretenir. »

A ceux qui douteraient de la juste application de ces allusions, qui ne les trouveraient
pas assez transparentes, il faut rappeler quelques dates et quelques faits.

Le Jeudi saint, 11 avril 1675, le roi commu-
nia à la paroisse de Versailles ; mais, le même
jour, le prêtre auquel s'était adressée Mme de
Montespan lui refusa l'absolution. En vain
elle se plaignit au roi : Bossuet, consulté,
exigea une séparation complète ; la favorite fut
obligée de se retirer à Paris. Dès le commencement de mai, elle obtint de revenir à Clagny,
« cette demeure agréable, aux jardins si commodes ; » les relations coupables devaient
cesser, et quand elle viendrait à Versailles, le roi
s'engageait à ne la voir que chez la Reine (1).

(1) Vous devez être content de moi, mon Père, dit
Louis XIV à Bourdaloue ; Mme de Montespan est à Clagny. — Oui, Sire, répondit Bourdaloue ; mais Dieu

Qu'on juge si Bourdaloue avait raison quand il parlait d'engagements pris avec Dieu, « qu'on ne comptoit pas garder, » d' « attaches criminelles qu'on ne rompoit pas tellement qu'on ne s'en réservât certains droits, » « de cette facilité malheureuse à reprendre le cours du mal interrompu, » « de la passion qui, après une trêve de quelques jours, reprend un ascendant nouveau, » « de cette *personne*, écueil funeste de toute fermeté et de toute constance. »

Qu'eût-il dit de plus s'il eût su ce que réservait un avenir prochain? Une correspondance clandestine bientôt renouée ; Bossuet repoussé rudement, et, dès juillet, Mme de Montespan rétablie à Versailles avec toute l'apparence d'un pouvoir absolu (1) !

seroit plus satisfait si Clagny était à soixante lieues de Versailles. »

(1) « Ne me dites rien, Monsieur, dit le roi à Bossuet ; ne me dites rien, j'ai donné mes ordres, ils devront être exécutés. » Tout ce que l'évêque put obtenir,

Mais le coup avait porté ; les progrès de
Mme de Maintenon devinrent chaque jour plus
visibles, et, en entendant les vers de Racine :

« Mon Dieu, quelle guerre cruelle !
» Je trouve deux hommes en moi :
« L'un veut que plein d'amour pour toi,
« Mon cœur te soit toujours fidèle ;
« L'autre, à tes volontés rebelle,
« Me révolte contre ta loi (2). »

Le roi put s'écrier : « Que je connais bien
cet homme-là ! »

ce fut que les entrevues des deux amants auraient lieu
désormais devant les dames les plus respectables de la
Cour. Une curieuse lettre de Mme de Caylus nous révèle,
en termes enjoués, ce qui arriva et ne pouvait manquer d'arriver : « Le Roi vint chez Mme de Montespan,
comme il avait été décidé, mais *insensiblement* il l'attira
vers l'embrasure d'une fenêtre ; ils se parlèrent bas
assez longtemps ; ils pleurèrent et se dirent ce qu'on
a accoutumé de dire en pareil cas. Ils firent ensuite une
profonde révérence à ces vénérables matrones, passè-
rent dans une autre chambre, et il en advint madame
la duchesse d'Orléans, sur le visage et dans l'esprit de
laquelle on ne pouvait s'empêcher d'apercevoir les traces
de ce combat de l'amour et du jubilé de 1676. »

(2) Racine : *Cantiques spirituels.*

La « guerre cruelle » dura cinq ans et plus
avec toutes les alternatives et incidents de
triomphes, de défaites, de trêves, de paix
fourrées, d'incursions sur les terres voisines,
jusqu'à ce que la fatigue se fît enfin sentir.
Bourdaloue, et c'est sa gloire, ne douta pas du
succès, n'abandonna pas un instant son poste
de combat, autrement courageux en cela que
son confrère, le P. de la Chaise, à qui, chaque
année, la fête de Pâques causait des maladies
de politique (1).

En 1680, le vendredi 29 mars, Mme de Sévigné nous représente son orateur favori « qui
frappe toujours comme un sourd, disant des
vérités à bride abattue, parlant contre l'adultère à tort et à travers. » S'agirait-il ici d'un
sermon fameux, qu'on a appelé le *Sermon sur
l'Adultère*; qu'on ne trouve pas dans les œuvres, qui aurait été brûlé, et où l'on aurait

(1) Saint Simon.

entendu retentir l'apostrophe de Nathan à
David : *Tu es ille vir* ? Tout cela n'est qu'une
tradition bien vague. Mais nous avons de la
même année, presque du même jour (1), le
sermon sur l'*Impureté*, prêché devant le roi le
troisième dimanche de carême, et je me demande s'il n'y a pas là quelque erreur de
date (2), si ce sermon sur l'*Impureté* et celui
sur l'*Adultère* ne seraient pas un seul et même
sermon ?

Il est difficile, en tout cas, d'imaginer rien
de plus vif, de plus honnêtement indigné, rien
où l'on dise plus de vérités à bride abattue. La
véhémence de l'orateur souleva même, nous le
verrons plus loin, les susceptibilités d'une par-

(1) Le *Sermon de l'Impureté* fut prononcé le 3ᵉ dimanche
de carême, c'est-à-dire le 24 mars.

(2) Le vendredi 29 mars, Mᵐᵉ de Sévigné écrit : « J'é-
tois *avant-hier* au beau milieu de la cour. Nous enten-
dîmes après le dîner le sermon de Bourdaloue qui frappa
comme un sourd,... etc. » — « *Avant-hier* » était le
mercredi 27 mars. Il est peu probable que Bourdaloue
ait prononcé, le 24 et le 27, deux sermons sur le même
sujet devant le même auditoire.

4

tie de l'auditoire : on a raconté qu'accoutumé
à ce que les carosses de la Cour se disputassent
la faveur de le reconduire à la Maison professe,
il vit cette fois le vide se faire autour de lui et
qu'il regagna pédestrement la rue Saint-Antoine (1). Comment croire qu'à deux jours de
distance, et si véhément qu'il fût, il se soit
exposé deux fois à manquer le but en passant
la mesure ? Quoi qu'il en soit, si les courtisans
comptèrent un instant sur le courroux du roi,
ils furent bientôt détrompés. Si Louis XIV, en
pareille occasion, ne profitait pas des reproches, il savait au moins les supporter noble-
ment, et il n'honora que davantage cette voix
inflexible qui sacrifiait au devoir toute considération mondaine.

Rien, en effet, n'arrête Bourdaloue ; il ne

(1) Chevalier de Saint-Amand. — Le biographe fait
faire une bien longue course au prédicateur ; il oublie
qu'en 1680 la Cour était à Saint-Germain, et que de là
au Marais... ! Je n'insiste pas.

ménage personne, ne prend aucune précaution,
n'évite aucun froissement. Il voit avec douleur
combien l'impureté abrutit les hommes, et
toutes les situations sociales comparaissent
l'une après l'autre devant lui.

« Car il n'y a point d'intérêt qu'on ne mé-
« prise, point d'honneur qu'on ne foule aux
« pieds, point de réputation qu'on n'expose,
« point de ministère qu'on ne profane, point
« de fortune qu'on ne risque, point d'amitié
« qu'on ne viole, point de devoir qu'on ne
« trahisse pour satisfaire sa passion. Un père
« oublie ce qu'il doit à ses enfants, et ne se
« met plus en peine de les ruiner par ses dé-
« bauches ; un juge, ce qu'il doit au public, et
« ne fait plus scrupule de sacrifier le bon droit
« à ses plaisirs ; un ami, ce qu'il doit à un
« ami, et ne compte plus pour rien d'abuser
« de l'accès qu'il a dans une maison pour la
« déshonorer ; un prêtre, ce qu'il doit à Jésus-

« Christ, et ne craint plus de scandaliser son
« sacerdoce par des actions abominables ; une
« femme ce qu'elle doit à son mari, et ne se
« souvient plus de la foi qu'elle a jurée. »

Il excelle à reconnaître le vice dans sa source,
à le surprendre, à peine naissant, dans une âme
qui l'ignore encore.

« Je ne parle pas seulement, femmes chré-
« tiennes, de ces derniers désordres dont le
« seul honneur du monde vous fait abstenir,
« et à l'égard desquels on peut dire que Dieu
« doit peu compter vos victoires, puisque si
« vous remportez des victoires, c'est moins
« pour lui que pour vous-mêmes. Je parle de
« ces autres désordres, moins odieux, ce sem-
« ble, mais qui sont autant de crimes, et qui,
« tout irrépréhensibles que vous vous flattez
« d'être selon le monde, ne fournissent à Dieu
« que trop de matière pour vous damner ; je
« parle de ces conversations libertines, d'où
« naissent tant de maux, et qui portent à une

« âme de si mortelles atteintes ; je parle de
« ces entretiens secrets et familiers, mais dont
« la familiarité même et le secret sont de si
« puissants attraits aux plus funestes attache-
« mens ; je parle de ces amitiés prétendues
« honnêtes, mais dont la tendresse est le poi-
« son le plus subtil et le plus présent, pour in-
« fecter les cœurs et pour les corrompre ; je
« parle de commerces assidus de visites, de
« lettres, de parties que saint Jérôme appeloit
« si bien les indices d'une chasteté mourante,
« *morituræ virginitatis indicia ;* je parle de
« ces artifices de la vanité humaine, employés
« à relever les agrémens d'une beauté perni-
« cieuse ; je parle de ces douceurs vraies ou
« fausses témoignées à un homme mondain,
« dont on entretient par là les criminelles es-
« pérances, pour être un jour responsables des
« iniquités les plus secrètes ; je parle de ces
« habillements immodestes, que ni la coutume,

« ni la mode n'autoriseront jamais. Ce ne sont
« là, dites-vous, que des bagatelles : mais la
« question est de savoir si Dieu en jugera
« comme vous. »

L'intensité de la répression n'a jamais fait
qu'augmenter le nombre et l'importance des
délits. Malgré l'atrocité des peines qui frap-
paient au dix-septième siècle les auteurs trop
hardis ; malgré les galères, les gibets, les bû-
chers, à aucune époque on ne vit plus de libelles
braver les sévérités de la police, feuilles vo-
lantes d'autant plus recherchées que beaucoup
spéculaient sur les curiosités les plus honteuses
du cœur humain (1) :

(1) L'*Ombre de M. Scarron*, pamphlet qui fit pendre un
compagnon imprimeur, nommé Rambault, et un garçon
relieur nommé Larcher.
*Les Soupirs de la France esclave qui aspire après la
liberté.* — Amsterdam, 1690.
*Prévarications du Père de la Chaise, confesseur du
Roi ; ses intrigues à la Cour.* — Cologne, 1685.
*La Cour de France turbanisée et ses trahisons démas-
quées.* — La Haye, 1690.

« Où est aujourd'hui l'innocence et la sim-
« plicité? Si l'on ne fait pas tout le mal, on
« veut le pouvoir et le savoir faire. Vous diriez
« que la nature ne soit pas assez corrompue,
« et qu'il faille y ajouter l'étude, pour se faire
« une science de ses désordres mêmes. Paroît-il
« un livre diabolique qui révèle ces mystères
« d'iniquités, c'est celui qu'on recherche, celui
« que l'on dévore avec tout l'empressement
« d'une avide curiosité. Que l'imagination en
« soit infectée, qu'il fasse des impressions mor-
« telles dans le cœur, que le venin qu'il ins-
« pire aille jusqu'à la partie de l'âme la plus
« saine qui est la raison, il n'importe; c'est le
« livre du temps qu'il faut avoir lu et cela sans
« égard au péril qui s'y rencontre; comme si

Les Francs Fripons et le Mercure au gibet. — Cologne, 1684.
Le Cochon mitré, libelle dirigé contre Le Tellier, archevêque de Reims. L'auteur, Chavigny, resta, dit-on,
enfermé trente ans au Mont-Saint-Michel.
Etc., etc., etc.

« l'on étoit sûr de la grâce et qu'on eût fait un
« pacte avec Dieu, pour avoir le droit de s'ex-
« poser sans présomption aux occasions les
« plus prochaines. »

Et tout ceci n'était point une froide déclama-
tion : l'assemblée se sentait atteinte, et, quoique frémissante, se courbait sous cette parole
qui ravivait ¡l'amertume de souvenirs récents.
Il y avait à peine un mois que la Voisin, brû-
lée en grève, avait emporté avec elle d'affreux
secrets ; un sentiment d'inquiétude planait encore sur ce monde effrayé par d'étranges com-
plicités et par des révélations inattendues :

« Notre siècle, ce siècle si malheureux, a
« bien de quoi nous convaincre que l'impudi-
« cité est le grand désordre du monde, et Dieu
« n'a permis qu'il engendrât des monstres que
« pour nous forcer à en convenir. Nous les
« avons vus avec effroi, et tant d'événemens
« tragiques nous ont appris, plus que nous ne

« voulions, ce qu'un commerce criminel peut
« produire dans les familles les plus honora-
« bles. L'empoisonnement étoit parmi nous
« un crime inouï ; l'enfer, pour l'intérêt de
« cette passion, l'a rendu commun. On sait,
« disoit le poète, ce que peut une femme irri-
« tée ; mais on ne savoit pas jusqu'à quel
« excès pouvoit aller sa colère, et c'est ce que
« Dieu a voulu que nous connussions. En effet,
« ne vous fiez pas à une libertine dominée par
« l'esprit de débauche : si vous traversez ses
« desseins, il n'y aura rien qu'elle n'entreprenne
« contre vous ; les liens les plus sacrés de la
« nature ne l'arrêteroient pas ; elle vous tra-
« hira, elle vous sacrifiera, elle vous immo-
« lera. C'est par l'homicide que le concubi-
« nage se soutient, que l'adultère se délivre de
« l'importunité d'un rival, que l'incontinence
« du sexe étouffe sa honte, en étouffant le fruit
« de son pêché. »

Et l'orateur, soulevant un coin du voile, découvre à la postérité étonnée d'indignes profanations, accompagnement de crimes hideux.

« Auroit-on cru que le sacrilège eût dû être
« l'assaisonnement d'une brutale passion ; que
« la profanation des choses saintes eût dû en-
« trer dans les dissolutions d'un libertinage
« effréné ; que ce qu'il y a de plus vénérable
« dans la religion eût été employé à ce qu'il y
« a de plus corrompu dans la débauche ; et que
« l'homme, suivant la prédiction d'Isaïe, eût
« fait servir son Dieu même à ses plus infâmes
« voluptés? »

Il s'arrête confus, « pour dire des choses
moins affreuses, » et passe à une série de tableaux qui, pour les assistants, étaient peut-être des portraits :

« Je dis que c'est l'esprit impur qui entre-
« tient les discussions et les querelles d'une
« ville, d'un quartier. Vous le savez, trois ou

« quatre femmes décriées et célèbres dans l'his-
« toire de leur vie en font presque immanqua-
« blement toute l'intrigue, et de là naissent les
« inimitiés de ceux qui les fréquentent, de là
« les emportemens de ceux qui s'en croient
« méprisés, de là les haines irréconciliables
« entre elles-mêmes, de là les discordes do-
« mestiques, les furies d'un mari à qui cette
« plaie, une fois ouverte, ne laisse plus qu'un
« ressentiment profond et amer. Je dis que
« c'est l'impureté qui rend la calomnie ingé-
« nieuse à former des accusations et à suborner
« des témoins : la mémoire n'en est que trop
« récente. »

     « On sait que ce magistrat est gouverné par
« cette femme, et l'on sait bien en même
« temps le moyen d'intéresser cette femme et
« de la gagner ; c'est assez : car avec cela il
« n'y a pas de bon droit qui ne succombe, point
« de chicane qui ne réussisse, point de vio-

« lence et de supercherie qui ne l'emporte.

« Le désordre ancien et commun étoit de voir

« avec compassion un insensé, sous le nom

« d'amant, prodigue, et prodigue jusqu'à l'ex-

« travagance, contenter l'avarice et entretenir

« le luxe d'une mondaine qu'il idolâtroit ; mais

« le désordre du temps est de voir, au con-

« traire, une femme perdue d'honneur aussi

« bien que de conscience, par un renversement

« autrefois inouï, faire les avances et les frais,

« s'épuiser, s'endetter, se ruiner, pour un mon-

« dain à qui elle est asservie, dont elle essuie

« tous les caprices, qui n'a pour elle que des

« hauteurs, et qui ordonne de tout chez elle en

« maître. L'indignité est que ce désordre s'éta-

« blit de telle sorte qu'on s'y accoutume, le

« domestique s'y fait, on obéit à cet étranger,

« ses ordres sont respectés et suivis, parce

« qu'on s'aperçoit de l'ascendant que son crime

« lui donne, tandis que celle-ci ne gardant plus

« de mesure, et libre du respect humain dont
« elle a secoué le joug, se fait une vanité de
« ne ménager rien et un plaisir de sacrifier
« tout, pour se piquer du ridicule avantage et
« de la folle gloire de bien aimer. »

Mais à tout cela quel remède? Bourdaloue
sait au moins d'où vient le mal ; il sait aussi
qui pourrait le guérir, et il l'explique respectueusement.

« C'est de vous, Mesdames (le savez-vous, et
« jamais y avez-vous pensé devant Dieu?) c'est
« de vous que dépend la sainteté et la réfor-
« mation du christianisme, et si vous étiez
« toutes aussi chrétiennes que vous devez l'être,
« le monde, par une bienheureuse nécessité,
« deviendroit chrétien. Ce désordre qui m'af-
« flige est que l'on prétend maintenant, et peut-
« être avec justice, vous rendre responsables de
« ce débordement de mœurs que nous voyons
« croître de jour en jour et que l'on n'en ac-

« cuse plus simplement vos lâchetés, vos com-
« plaisances, vos faiblesses, mais qu'on l'impute
« à vos artifices et à la dépravation de vos
« cœurs. N'est-il pas étonnant qu'au lieu de
« cette modestie et de cette régularité que
« Dieu vous avoit données en partage, et que le
« vice même respectoit en vous, il y en avoit
« parmi vous d'assez endurcies pour affecter
« de se distinguer par un enjouement et une
« liberté, à quoi tant d'âmes se laissent prendre
« comme à l'appât le plus corrupteur ? L'excès
« du désordre, c'est que toutes les bienséances
« qui servoient autrefois de rempart à la pureté
« soient aujourd'hui bannies comme incommo-
« des. Cent choses qui passoient comme scan-
« daleuses et qui auroient suffi pour rendre
« suspecte la vertu même ne sont plus de nulle
« conséquence ; la coutume et le bel air du
« monde les autorisent, tandis que le démon
« d'impureté ne sait que trop s'en prévaloir.

« Le comble du désordre, c'est que les devoirs,
« je dis les devoirs les plus généraux et les
« plus inviolables chez les païens même soient
« sujets de risée. Un mari sensible au déshon-
« neur de sa maison est le personnage que
« l'on joue sur le théâtre, une femme adroite à
« le tromper est l'héroïne que l'on y produit ;
« des spectacles où l'impudence lève les mas-
« ques, et qui corrompent plus de cœurs que
« jamais les prédicateurs de l'Evangile n'en
« convertiront, sont ceux auxquels on applau-
« dit. Assujettissement, dépendance à sa con-
« dition, tout cela est représenté comme une
« espèce de tyrannie dont le savoir-faire doit
« affranchir. »

Le Roi, ai-je dit, assistait à ce sermon ; je
me mets en garde, autant que je puis, contre le
travers de trouver partout des allusions ; elles
y sont pourtant, plus ou moins intentionnelles.
Voyons les faits : Nous sommes au 24 mars

1680. Auprès du roi la reine, souffrant toutes
les humiliations avec une patience par trop dé-
pourvue de dignité; Mme de Montespan, «enra-
gée » de voir à côté d'elle Mlle de Fontanges,
qui, dans huit jours, sera duchesse, et dans
quelques mois enterrée; un peu en arrière,
Mme de Maintenon, qui commence à jouir de « la
plus haute faveur (1) », et qui est assez forte
pour savoir attendre.

Ecoutons maintenant Bourdaloue :

« A peine l'impudique a-t-il goûté le fruit de
« son incontinence qu'il en éprouve l'amer-
« tume, à peine a-t-il accordé à ses sens ce
« que la loi de Dieu lui défend, qu'il demeure
« interdit, confus, livré, comme Caïn, à son
« péché qui devient son supplice et son tour-
« ment ; il semble que le premier rayon de la
« foi qui l'éclaire, aille lui en découvrir l'énor-
« mité et la difformité pour lui en ôter le plai-
« sir. Tandis qu'il croit au Dieu vengeur des

(1) Mme de Sévigné : *Lettre du 6 avril* 1680.

« crimes, voilà son état : *Quærens requiem,*
« *et non invenit.*

. . . .

    « Pourquoi ces vains ménagemens d'une
« prudence tout humaine? Pourquoi ces chan-
« gemens de confesseurs ? Pourquoi même
« ce choix affecté des moins sévères et des plus
« commodes (1)? Le grand secret pour un chré-
« tien, en qui ce péché prédomine, est de se
« mettre sous la conduite d'un homme de Dieu,
« intelligent, exact, zélé, mais c'est ce qu'ils
« ne veulent pas. Enfin, ils s'y présentent, fai-
« sant trêve avec leur passion et ne rompant
« jamais avec elle. Car, observez-les dans la
« suite et vous verrez si j'ai raison de me mé-
« fier de leur pénitence. Ils détestent, ce sem-

(1) « Mme de Fontanges prend demain son tabouret et
s'en va passer le temps de Pâques à une abbaye que
le roi a donnée à une de ses sœurs. Voici une manière
de séparation qui fera bien de l'honneur à la sévérité
du confesseur ! » *Idem.*

« ble, leur péché, mais ils ne cessent pas pour
« cela d'en aimer l'objet et d'en entretenir les
« occasions. Ils se défont d'un engagement,
« mais ce n'est que pour en former un autre.
« La fréquentation de cette personne leur de-
« venant même nuisible selon le monde, ils
« s'éloignent, mais ils prennent parti ailleurs :
« au défaut de celle-ci, ils trouveront celle-là.
« Je dis plus : au défaut de tout le reste, ils se
« trouveront toujours eux-mêmes, et ce sera
« assez. »

Le prédicateur ne l'eût-il pas voulu, il était
difficile que la pensée des courtisans ne rencon-
trât pas la sienne, et ne s'arrêtât pas sur *celle-
ci* ou sur *celle-là*.

Malgré la présence du Roi, malgré le respect
dû au saint lieu, il y eut révolte, au moins
murmure. De quel côté? Qui se prétendit
scandalisé? Sans doute ceux ou celles qui, par
leurs cris, espèrent détourner les soupçons.

Bourdaloue, justement affligé, maintint ferme-
ment les droits de la parole chrétienne. Dans
le sermon sur la *Conversion de Madeleine*,
prêché peu de temps après, ses reproches sont
empreints d'une sévère ironie. L'homme qui
n'attend rien d'autrui, qui ne dépend que de
sa conscience, trouve toujours de nobles ac-
cents pour défendre ce qu'il croit juste et
vrai; c'est une des rares occasions où Bourdaloue se soit mis en scène, où il ait osé parler de
lui, et il le fit avec une vraie grandeur :

« Si, dans un autre discours, j'ai parlé plus
« en détail du libertinage des mœurs, c'est des
« paroles toutes pures de saint Paul que je me
« suis servi. J'avois droit de croire qu'une
« morale que saint Paul avoit jugée bonne,
« pour le siècle de l'Eglise naissante, c'est-à-
« dire pour le siècle de la sainteté, pouvoit
« l'être à plus forte raison pour un siècle aussi
« corrompu et aussi perverti que le nôtre. Je

« me suis trompé : ce siècle, tout corrompu
« qu'il est, a eu sur cela plus de délicatesse
« que celui de l'Eglise naissante. Ce que j'ai dit
« n'a pas plu au monde; Dieu veuille que le
« monde, en me condamnant, ait au moins
« gardé les mesures de respect, de religion, de
« piété, qui sont dues à mon ministère! Car
« pour ma personne, je sais que rien ne m'est
« dû. Trop heureux si, me voyant condamné
« du monde, je pouvois espérer d'avoir con-
« fondu le vice et glorifié Dieu! Trop heureux
« si la censure du monde n'a rien fait perdre
« à ce que j'ai dit de son efficacité et de son
« utilité, et s'il y a eu des âmes qui, comme
« les premiers chrétiens, en aient été non seu-
« lement instruites, mais converties! Ce qui
« plaît au monde n'est pas toujours le meilleur,
« ni le plus nécessaire pour le monde. Ce qui
« lui déplaît est souvent la médecine, qui, tout
« amère qu'elle peut être, le doit guérir. Se

« choquer de semblables vérités et s'en scan-
« daliser, c'est une des marques les plus évi-
« dentes du besoin qu'on en a. S'en édifier et se
« les appliquer, c'est la preuve la plus certaine
« d'une âme solide qui cherche le royaume de
« Dieu. Mais c'est à vous, Seigneur, à faire le
« discernement et de ceux qui en ont abusé et
« de ceux qui en ont profité. Vous êtes le scru-
« tateur des cœurs ; et vous savez que ce n'est
« point pour ma justification que je m'en ex-
« plique ici, mais pour l'honneur de votre pa-
« role. Qu'importe que je sois condamné ? Mais
« il importe, ô mon Dieu, que votre parole soit
« respectée. Revenons à notre sujet. »

Bourdaloue nous est apparu jusqu'ici comme
un grand moraliste, c'est aussi un dialecticien
consommé. Des longues années qu'il avait
passées dans l'enseignement, avant d'aborder
la chaire, il lui était resté des habitudes
rigoureuses de démonstration qui capti-

vaient l'auditeur et ne lui laissaient aucun
moyen de fuir. « Il m'a souvent ôté la respira-
tion, écrit Mme de Sévigné, par l'extrême attention avec laquelle on est pendu à la force et à
la justesse de ses discours, et je ne respirois
que quand il lui plaisoit de finir (1). »

Voyez, par exemple, ce passage pressant sur
la nécessité de la pénitence :

« Qu'il faille nous convertir un jour, nous le
« savons ; que pour cela il faille renoncer à des
« engagemens et à des commerces qui sont les
« sources de nos désordres, nous n'en discon-
« venons pas ; qu'étant tombés dans la disgrâce

(1) « Sa sublime éloquence venoit surtout de la connaissance parfaite qu'il avoit du monde. Il bannit de la
chaire ces pensées frivoles, plus propres pour des discours académiques que pour instruire les peuples ; il
en retrancha aussi ces longues dissertations de théologie, qui ennuient les auditeurs et qui ne servent qu'à
remplir le vide des sermons ; il établit les vérités de la
religion solidement, et personne n'a jamais su comme
lui tirer de ces vérités des conséquences utiles aux auditeurs, et si naturelles que chacun de ceux qui l'enten-
doient pouvoient s'appliquer ce qu'il disoit. »
Chrétien-François DE LAMOIGNON.

« de Dieu, ce soit une nécessité indispensable
« de faire pénitence, nous en sommes convain-
« cus : mais quand sera ce renoncement, mais
« quand sera cette conversion ? C'est à quoi
« nous ne répondons jamais. Il y a peut-être
« des années entières que nous roulons dans un
« train de vie ou lâche et imparfaite, ou même
« impie et criminelle, entassant chaque jour
« péchés sur péchés. Nous voyons bien qu'il en
« faut sortir ; que, persévérant dans cet état,
« nous remplissons insensiblement la mesure de
« nos crimes et qu'enfin nous pourrions mettre
« ainsi le comble à notre réprobation ; cepen-
« dant nous n'entreprenons rien. Nous termi-
« nerons tous les jours des affaires de nulle
« conséquence, ne voulant pas qu'elles demeu-
« rent indécises ; et pour celle de notre conver-
« sion qui est l'importante affaire, nous ne la
« concluons jamais. »

Ajoutons que ce qu'on a appelé *les portraits*,

qu'il y ait ou non à y mettre une clef (1), ré-
pandent, sans que jamais le goût soit choqué,
sans que l'édification soit diminuée, un charme
infini dans un genre où l'on ne trouve habi-
tuellement rien de pareil. Qu'on lise donc tout,
dans le texte même, car j'hésite à analyser davantage, à réduire, à couper (2). Voici pourtant
encore quelques passages :

Le *Prodigue* :

« Vous êtes un homme du monde, un hom-
« me distingué par votre naissance, mais dont
« les affaires (ce qui n'est aujourd'hui que trop
« commun) sont dans la confusion et le désor-
« dre. Que ce soit par un malheur ou par votre
« faute, ce n'est pas là maintenant de quoi il
« s'agit. Or, dans cet état, ce qui vous porte à
« mille péchés, c'est une dépense qui excède

(1) « Toutes les fois qu'on fait le portrait d'un homme
ridicule, Il se trouve quelqu'un qui lui ressemble. »
                                          VOLTAIRE.
(2) Il eut des imitateurs, mais, disait Mme de Termes,
« il est inimitable, et les prédicateurs qui l'ont voulu
copier sur cela, n'ont réussi qu'à faire des marmousets».

« vos forces, et que vous ne soutenez que
« parce que vous ne voulez pas vous régler, et
« par une fausse gloire que vous vous faites de
« ne pas déchoir. De là les injustices, de là les
« duretés criantes envers de pauvres créan-
« ciers que vous désolez ; envers de pauvres
« marchands aux dépens de qui vous vivez ;
« envers de pauvres artisans que vous faites
« languir ; envers de pauvres domestiques
« dont vous retenez le salaire. De là ces frivoles
« et trompeuses promesses de vous acquitter ;
« ces abus de votre crédit, et ces chicanees in-
« finies pour éloigner un paiement ou pour
» l'éluder. De là ces dettes éternelles qui, en
« ruinant les autres, vous damnent vous-même.
« Retranchez cette dépense, et si vous voulez
« que je sois bien persuadé de votre contrition,
« ayant peu, contentez-vous de peu. Ne vous
« mesurez pas par ce que vous êtes, mais
« par ce que vous pouvez. Réduit à la disette

« et à une triste indigence, supportez-la, mais
« supportez-la en chrétien ; et parce qu'il le
« faut, faites-vous-en un mérite et une vertu(1).»
    Le *Joueur* :

    « On joue, mais sans retenue, et l'excès est
« tel, que ceux mêmes qui en sont capables
« sont obligés de le condamner. Un homme du
« monde, qui fait du jeu sa plus commune et
« presque son unique occupation, qui n'a point
« d'affaire plus importante que le jeu, ou plu-
« tôt qui n'a point d'affaire si importante qu'il
« n'abandonne pour le jeu ; qui regarde le jeu
« non point comme un divertissement passager
« propre à remettre l'esprit des fatigues d'un
« long travail et à le distraire, mais comme un
« exercice réglé, comme un emploi, comme un
« état fixe et une condition ; qui donne au jeu
« les journées entières, les semaines, les mois,
« toute la vie (il y en a de ce caractère, et vous

(1) Sermon sur la pénitence.

« en connaissez) ; une femme qui se sent char-
« gée d'elle-même jusqu'à ne pouvoir en quel-
« que sorte se supporter, ni supporter personne
« dès qu'une partie de jeu vient à lui man-
« quer ; qui n'a d'autre entretien que son jeu ;
« qui du matin au soir n'a dans l'idée que son
« jeu ; qui n'ayant pas,—à l'entendre parler,—
« assez de force pour soutenir quelques mo-
« ments de réflexion sur les vérités du salut,
« trouve au moins assez de santé pour passer
« les nuits, dès qu'il est question de son jeu ;
« dites-le moi, mon cher auditeur, cet homme,
« cette femme, gardent-ils dans le jeu la modé-
« ration convenable? Cela est-il chrétien ? Cela
« est-il d'une âme qui cherche Dieu, qui tra-
« vaille pour le ciel, qui amasse des trésors
« pour l'éternité (1)? »

L'*Ambitieux* :

« N'est-il pas étrange qu'un ambitieux se

(1) Sur les Divertissements du monde.

« croie capable des plus grandes choses, sans
« s'être auparavant éprouvé, et sans avoir fait
« aucun essai de son esprit, de son talent, de
« son naturel? Où trouver aujourd'hui de ces
« prétendans aux honneurs du siècle, qui,
« avant que de faire les recherches où les en-
« gage leur ambition, aient soin de rentrer en
« eux-mêmes pour se connaître et qui, dans la
« vue de leur condition future, se forment de
« bonne heure à ce qu'ils doivent être un jour,
« ou à ce qu'ils veulent devenir (1)? C'est assez
« qu'on ait de quoi acheter cette charge pour
« croire qu'on est en état de la posséder et de
« l'exercer. C'est assez qu'il soit de l'intérêt
« d'une famille de tenir un tel rang, pour ne
« pas douter que l'on n'y soit propre. Cet inté-
« rêt de famille, ce bien, tiennent lieu de toutes
« les qualités imaginables, et suffisent pour au-

(1) Nos mœurs publiques se sont tellement épurées
qu'on ne saurait plus, de nos jours, à qui appliquer ces
lignes un peu chagrines du bon Bourdaloue.

« toriser toutes les poursuites. Si les lois pres-
« crivent quelque chose de plus, si elles exigent
« quelques épreuves pour la connaissance des
« sujets, c'est par pure cérémonie qu'on con-
« sent à subir ces épreuves (1). »

Le *Riche,* morceau que l'on croirait écrit hier :

« On veut être riche en peu de temps ; et
« parce qu'il n'y a que certains états, que cer-
« taines conditions et certains emplois, où, par
« des voies courtes et abrégées, on puisse le
« devenir, contre tous les principes et toutes
« les règles de la prudence chrétienne, on am-
« bitionne ces états, on recherche ces condi-
« tions, on se procure ces emplois ! S'enrichir
« par une longue épargne ou par un travail
« assidu, c'étoit l'ancienne route que l'on suivoit
« dans la simplicité des premiers siècles ; mais
« de nos jours, on a découvert des chemins

(1) Sur l'ambition. (Sermon pour le 16e dimanche
après la Pentecôte.)

« raccourcis et bien plus commodes. Une com-
« mission qu'on exerce, un avis qu'on donne,
« un parti où l'on entre, mille autres moyens
« que vous connoissez, voilà ce que l'empres-
« sement et l'impatience d'avoir ont mis en
« usage, En effet, c'est par là qu'on fait des
« progrès surprenans ; par là qu'on voit fruc-
« tifier au centuple son talent et son industrie ;
« par là qu'en peu d'années, qu'en peu de mois
« on se trouve comme transfiguré, et que de la
« poussière où l'on rampoit, on s'élève jusque
« sur le pinacle (1). »

Le *Médisant* :

« Quel temps choisit presque toujours le
« médisant pour frapper son coup ? Celui où
« l'on est moins en état de s'en défendre. Car
« ne croyez pas qu'il attaque son ennemi de
« front : il est trop circonspect dans son ini-
« quité pour n'y pas apporter plus de précau-

(1) Sur les Richesses.

« tion. Tandis qu'il vous verra, il ne lui échap-
« pera pas une parole. Qu'il aperçoive seule-
« ment un ami disposé à soutenir vos intérêts,
« il n'en faut pas davantage pour lui fermer la
« bouche. Mais éloignez-vous, et qu'il se croie
« en sûreté, c'est alors qu'il donnera un cours
« libre à sa médisance, qu'il en fera couler le
« fiel le plus amer, qu'il se déchaînera, qu'il
« éclatera..... Aussi l'Ecriture nous le repré-
« sente comme un homme terrible et redouta-
« ble : *Terribilis in civitate homo linguosus.*
« Redoutable dans une ville, dans une commu-
« nauté, dans les maisons particulières, chez
« les grands, parmi les petits. Dans une
« ville, parce qu'il y suscite des factions et des
« partis ; dans une communauté, parce qu'il
« en trouble la paix et l'union ; dans une mai-
« son particulière, parce qu'il y entretient des
« inimitiés et des froideurs ; chez les grands,
« parce qu'il abuse de la créance qu'ils ont en

« lui pour détruire qui il lui plaît ; parmi les
« petits, parce qu'il les anime les uns contre
« les autres : *Terribilis homo linguosus* (1) ! »
L'*Oisif* :
    « Je suis riche, dites-vous, et pourquoi
« m'obliger au travail, lorsque j'ai du bien
« plus que suffisamment pour vivre? Pourquoi,
« mon cher auditeur? Parce que tous les biens
« du monde ne peuvent vous soustraire à la
« malédiction du péché ; parce que dans le
« partage favorable qui vous est échu des biens
« de cette vie, Dieu a toujours supposé l'exé-
« cution des arrêts de sa justice ; et lorsque
« vous dites, j'ai du bien, donc je ne dois pas
« travailler, vous raisonnez aussi mal que si
« vous disiez : Donc je ne dois pas mourir ; car
« l'obligation du travail et la nécessité de la
« mort tiennent le même rang dans les divers
« décrets. Ne savez-vous pas ce qui fut répon-

(1) Sur la Médisance.

« du à ce riche de l'Évangile? Il avoit beaucoup
« travaillé pour se mettre dans l'abondance de
« toutes choses, et se voyant enfin comblé de
« richesses : Reposons-nous maintenant, disoit-
« il ; me voilà à mon aise pour bien des an-
« nées. Mais comment Dieu le traita-t-il?
« d'insensé : lui faisant entendre que pour
« l'homme sur la terre il n'y avoit que deux
« partis à prendre, ou le travail ou la mort ; et
« que puisqu'il renonçoit au premier, il falloit
« se résoudre au second et mourir dès la nuit
« prochaine (1). »

Le *Pharisien* :

« Un homme a ses heures et ses temps mar-
« qués pour la prière, pour la lecture des bons
« livres, pour la fréquentation des sacremens :
« c'est un ordre de vie qu'il s'est tracé, ou qu'il
« à reçu d'un directeur ; il y est attaché, et
« toutes les affaires du monde ne lui feroient

(1 Sermon sur l'Oisiveté.

« pas omettre un point de ce qu'on lui a pres-
« crit, ou de ce qu'il s'est prescrit lui-même.
« Mais entendez le parler dans une conversa-
« tion, il tiendra les discours les plus satiriques
« et les plus médisans ; d'un ton pieux et dévot
« il condamnera l'un, il révélera ce qu'il y a
« de plus secret dans la conduite de l'autre,
« n'épargnera personne ; et, comme s'il était
« envoyé du ciel pour la réformation générale
« des mœurs, il fera impunément le procès à
« tout le genre humain » .....

..... « Une femme est la première à toutes
« les saintes assemblées ; elle a l'usage de la
« méditation, et elle aspire à l'oraison la plus
« relevée ; elle ne se pardonneroit pas de s'être
« dérangée une fois d'une certaine méthode
« qu'elle suit, et dont elle se fait une règle in-
« variable. Mais venez à la contrarier dans une
« rencontre ; vous la trouverez fière, hautaine,
« impatiente et aigre, se prévalant de sa vie

« régulière et de son exacte vertu, pour faire
« ce qui lui plaît. Mais tâchez à pénétrer dans
« l'intérieur de son ménage, et sachez comment
« elle s'y comporte : elle n'a ni complaisance
« pour un mari, ni affection pour des enfans,
« ni vigilance sur des domestiques. Il faut que
« chacun souffre de ses caprices, et tour à tour
« essuie ses chagrins. Pourvu qu'elle ait passé
« devant les autels une partie de la journée,
« qu'elle ait assisté à certaines cérémonies,
« tout seroit renversé dans une maison, qu'à
« peine elle y prendroit garde et y donneroit
« quelque soin (1). »

*
* *

De tels tableaux n'eussent certainement pas
été désavoués par La Bruyère ; ils ont le mérite
de la priorité ; ils sont d'un homme très fin,
très vigilant, bon observateur, qui a jeté du

(1) Sur la vraie et la fausse Piété.

haut de sa chaire un regard perçant autour de lui, a sondé les cœurs, et ne s'est pas laissé tromper un instant.

Que dans maint endroit Bourdaloue ait voulu dépeindre tel ou tel, on l'a nié récemment (1). M. Sainte-Beuve le croyait et en a donné, à mon avis, des preuves évidentes :

Dans le sermon *sur la Sévérité évangélique,* c'est M. de Tréville qui est atteint ; Fénélon et le Quiétisme, dans celui *sur la Prière* ; Arnauld, Molière, Pascal, dans les sermons *sur la Sévérité chrétienne, sur l'Hypocrisie, sur la Médisance*. Il arrive même quelquefois que le nom seul manque, pour le divin Molière entre autres, personnage envers lequel on ne se croyait pas tenu alors à de bien grands égards (2). Le témoignagne des contem-

(1) L'abbé Hurel, *Les Orateurs sacrés à la cour de Louis XIV.*
(2) Que Bourdaloue ait attaqué Molière, c'était inévitable ; mais il ne dépasse guère les exigences de son ministère, et aucune injure odieuse ne sort de sa bouche

porains est unanime et cela seul suffit, ils ne
purent s'y tromper. C'est d'abord Mme de Sévigné : « Je m'en vais en Bourdaloue. On dit
qu'il s'est mis à dépeindre les gens, et que

« Voilà ce qui est arrivé, lorsque des esprits profanes,
et bien éloignés de vouloir entrer|dans les intérêts de
Dieu ont entrepris de censurer l'hypocrisie, non point
pour en réformer l'abus, ce qui n'est pas de leur res-
sort, mais pour en faire une espèce de diversion dont
le libertinage pût |profiter, en concevant et faisant con-
cevoir d'injustes soupçons de la vraie pitié, par de mali-
gnes représentations de la fausse. Voilà ce qu'ils ont
prétendu, exposant sur le théâtre et à la risée publique
un hypocrite imaginaire, etc. »
Ce ne fut point sur ce ton convaincu et digne de
l'éloquence de la chaire, que Bossuet exhala en termes
odieux une fureur peu évangélique: *La postérité saura
peut-être la fin* de ce poëte comédien, qui, en jouant son
Malade imaginaire, ou son *Médecin par force*, (*sic*) reçut
la dernière atteinte de la maladie dont il mourut peu
d'heures après, et passa des plaisanteries du théâtre,
parmi lesquelles il rendit presque le dernier soupir, au
tribunal de Celui qui dit : Malheur à vous qui riez, car
vous pleurerez ! »
La *postérité sait certainement* que la fin de Molière
fut plus édifiante que celle de l'archevêque qui, si âpre-
ment, lui céda un peu de terre. Le poète n'est point
resté « pour jamais enfermé sous la tombe; » il vit
chargé de gloire, et ce qui pourrait divertir la postérité,
en un sujet si grave, c'est de voir que Bossuet confon-
dait Argan avec Sganarelle.

l'autre jour il fit trois points de la retraite de
Tréville ; il n'y manquoit que le nom, mais il
n'en étoit pas besoin (1). »

Et Boileau :

> « Nouveau prédicateur, aujourd'hui je l'avoue,
> « Ecolier, ou plutôt singe de Bourdaloue,
> « Je me plais à remplir mes sermons de portraits.

On sait qu'une fois Bourdaloue menaça Boileau de le « prêcher, » c'est-à-dire de faire
entrer son portrait dans un sermon (2).

Quel attrait que tous ces riens pour le groupe
de délicats qui se disputaient les lettres de Mme
de Sévigné, à peine écrites, et combien nous-
mêmes, nous serions heureux de tout saisir, de
out comprendre, dans ces seize volumes com-
pactes du P. Bretonneau, que pas une note
n'illumine ! « Une bonne *édition* de Bourda-

(1) Sévigné, Noël 1671.
(2) Lettre à Brossette, 13 juillet 1702 :
« Si M. Despréaux me chante, Je le prêcherai. »

loue, telle que je la conçois aujourd'hui, dit
M. Sainte-Beuve, devrait rassembler le plus
exactement possible toutes les particularités,
les éclaircissements et les inductions qui se
rattachent à chaque sermon, en fixer la date et
les circonstances lorsqu'il y aurait moyen ; ces
quelques notes au bas des pages, sans nuire à la
gravité, animeraient la lecture. » Une édition
ainsi comprise, devrait en outre adopter le
classement chronologique qui permettrait de
suivre ce qu'on peut appeler l'histoire dans
Bourdaloue.

Pendant plus de trente années de prédication, il a fait bien des fois allusion aux événements du jour, grands et petits, guerre de Hol-
lande, traité de Nimègue, fondation de Saint-
Cyr, extinction de l'hérésie, affaires ecclésiasti-
ques, ambassade de Siam, siège de Vienne,
mariage du duc de Bourgogne, vœu de Louis
XIII, procession de sainte Geneviève, aventu-

res, duels, crimes, etc., et rien ne serait souvent
plus curieux que de comparer ses impressions
à lui avec les récits des historiens et des chro-
niqueurs.

IV

Ce qui m'attache à Bourdaloue, c'est « l'u-
niformité de sa vie (1) ; » c'est qu'en lui l'homme
privé est digne du prédicateur, qu'il n'enseigne
rien qu'il ne croie et qu'il ne pratique ; voilà
l'une des causes les plus honorables de son
prodigieux succès, de sa haute autorité ; on
eut foi en lui. Etudions-le donc dans l'intimité,
ami sûr, directeur sage, confesseur des pauvres,
consolateur des prisonniers et des mourants.

La foule affairée qui passe, à chaque heure
du jour, dans la rue Saint-Antoine, remarque
à peine une grille cachée par l'église Saint-

(1) Sainte-Beuve, *Causeries du lundi.*

Paul-Saint-Louis, dont l'élégant portail attire
seul les regards. Cette grille modeste sert
pourtant d'entrée à une maison qu'on ne voi̇,
point, mais dont la renommée s'est étendue au
loin.

« C'est l'ancienne Maison Professe (1), fondée
par le Cardinal de Bourbon, reconstruite ainsi
que l'église de 1620 à 1640, grâce aux libéralités
de Louis XIII et de Richelieu, enrichie des
sculptures de Sarazin, de Coustou, des tableaux
de Vouet, du Poussin, de Le Brun, des peintu-
res à fresque de Ghérardini ; centre où venaient
aboutir au xviiᵉ siècle tous les fils que faisait
mouvoir la puissante Société de Jésus (2) ; ren-

(1) Aujourd'hui Lycée Charlemagne.
(2) « Maîtres des Cours par le confessionnal ; de tout
le public par l'instruction de la jeunesse, par leurs
talents et leur art ; nécessaires à Rome pour en insinuer
les prétentions sur le temporel des souverains, et anéan-
tir l'épiscopat et les conciles généraux ; redoutables
par leur puissance et par leurs richesses toutes em-
ployées à leurs desseins ; autorisés par leur savoir ;
aimables par une facilité et un tour qui ne s'étoient point

dez-vous de la cour et de la ville attirées par la pompe inouïe des solennités religieuses ; séjour des PP. de la Chaise, Gaillard, Tournemine, Lingendes, Chamillard, Cheminais, Daniel, Rapin, Bouhours, du célèbre Huet, évêque d'Avranches. C'est au milieu de tous ces hommes renommés par leur éloquence, leur goût, leur savoir, que vint demeurer Bourdaloue en 1669, et qu'il passa le reste de sa vie (1). »

A deux pas de la Maison Professe, au bout de la rue Pavée, on voit encore le magnifique hôtel du président de Lamoignon, dont Bourda-

encore rencontrés dans le tribunal de la pénitence ; protégés par Rome, comme des gens dévoués par un quatrième vœu au pape ; recommandables par la dureté d'une vie toute consacrée à l'étude, à la défense de l'Eglise contre les hérétiques ; terribles enfin par la politique la plus supérieure à toute autre considération que leur domination, les Jésuites trouvèrent moyen de changer la face des choses, d'inventer une hérésie qu'ils attribuèrent à Cornélius Jansénius, etc., etc. »

SAINT-SIMON

(1) E. DE MÉNORVAL, *Histoire de la Maison professe des Jésuites de la rue Saint-Antoine.* — Paris, Librairie Champion.

loue fut pendant près de trente ans le commen-
sal. Il y rencontra Bossuet, Péllisson, l'abbé
Fleury ; s'y lia avec Huet, Boileau, Racine,
Regnard, Santeuil, il y vit la plus fervente de
ses admiratrices, Mme de Sévigné.

C'est là qu'un jour après diner, usant de
sa franchise habituelle, Boileau eut devant
Bourdaloue, Corbinelli et deux évêques, la
dispute célèbre, si bien racontée par celle-ci.

Le 11 Mars 1671, Mme de Sévigné écrit à sa
fille : « M. de Julianis m'a trouvée avec le P.
Mascaron, à qui je donnois un très beau
dîner. Il prêche à ma paroisse ; il me vint
voir l'autre jour ; j'ai trouvé que cela étoit
d'une vraie petite dévote de lui donner un
repas. »

Mettez Bourdaloue à la place de Mascaron,
(la vraisemblance n'est en rien offensée) ; lais-
sez courir l'imagination, et vous aurez une
idée assez juste des relations qui purent s'éta-

blir entre Bourdaloue et son aimable voisine.
Qu'on me pardonne ces détails, mais « il me
semble, à lire toutes ces particularités, qu'on
fasse soi-même partie de ce monde. C'est une
des douceurs de l'étude que d'étendre la vie
et de se figurer ainsi le passé (1). »

Une amitié, qui ne se démentit jamais, unit
Bourdaloue avec les deux Lamoignon, Guillaume, le premier président, et Chrétien, l'a-
vocat général, qui avait été son élève. Ce fut
chez eux qu'il gagna peu à peu l'affection de
Boileau, malgré de vives escarmouches, qu'une
estime mutuelle empêchait de dégénérer jamais
en querelle. « Tous ces poètes sont fous ! s'écria
un jour Bourdaloue. — Je vous l'accorde, mon
Père, dit le satirique, mais venez avec moi aux
Petites-Maisons, je vous y montreroi dix prédicateurs contre un poète, et vous ne verrez à
toutes les loges que des mains qui sortent des

(1) Sainte-Beuve, *Port Royal*, v, 512.

fenêtres et qui divisent leurs discours en trois
points. »

A Bâville, la gaîté revenait. Madame de Chalucet, mère de M. de Bâville ; madame Hélyot,
« une bourgeoise renforcée ; » une madame de
La Ville, femme d'un traitant, animaient toutes
les fêtes. Celle-ci chante à table une chanson à
boire « dont l'air est joli, les paroles très mé-
chantes ; » et le P. Rapin, et le P. Bourdaloue,
de demander à Boileau de nouvelles paroles.
Il s'exécute et *improvise*..... le lendemain les
quatre couplets que voici :

I

Que Baville me semble aimable,
Quand des magistrats le plus grand
Permet que Bacchus à sa table
Soit notre premier président.

II

Chalucet, Hélyot, La Ville
Y président à ses côtés ;
Et ses arrêts par Arbouville,
Sont à plein verre exécutés.

III

Si Bourdaloue, un peu sévère,
Nous dit : Craignez la volupté ;
Escobar, lui dit-on, mon Père,
Nous la permet pour la santé.

IV

Contre ce docteur authentique
Si du jeûne il prend l'intérêt,
Bacchus le déclare hérétique
Et janséniste, qui pis est !

Ces bien médiocres couplets réussirent fort,
surtout les deux derniers qui firent « un peu
refrogner » Bourdaloue : « Si M. Despréaux me
chante, dit-il, je le prêcherai ! » Mais
P. Rapin entendit raillerie et « obligea Bourdaloue à l'entendre aussi (1). »

Naturellement vif et vrai, il ne pouvait souffrir le déguisement de l'artifice ; il aimait un
commerce aisé, sans étude et sans contrainte ;
néanmoins il savait se forcer et vivre familiè-

1) Lettre à Brosette 13 juillet 1702.

rement avec des gens d'un caractère fort opposé au sien (1).

Tout contribuait donc à le faire aimer : « Que de fois, dit Chrétien de Lamoignon, nous l'avons vu donner tous ses soins à un domestique, à un homme de la campagne, et quitter pour cela une bonne et agréable compagnie. Dépourvu de toute ambition, de tout esprit d'intrigue, il ne pouvait causer aucun ombrage à ceux qu'il approchoit. » Estimé de deux ministres rivaux, Colbert et Louvois, il répondait à leur amitié par un sincère attachement, sans jamais vouloir négocier entre eux, sans jamais chercher à retirer pour lui ou les siens quelque utilité d'une telle liaison. « Il aimoit la dépendance, il la pratiquoit avec exactitude, et il l'a préférée à des emplois qui devoient l'en tirer et qu'on l'a pressé plus d'une fois d'accepter (2). »

Aussi les applaudissements qu'eurent ses ser-

(1) Lettre de M. de Lamoignon.
(2) Le P. Martineau.

mons, le concours infini des auditeurs, l'empressement des grands à partager son amitié,
tout ce qui est capable de gâter et de corrompre
le cœur, fit en lui un effet tout contraire, il
connut le monde, et c'est le seul fruit qu'il voulut retirer du commerce des hommes ; il se ser-
vit de cette connaissance pour exciter les hommes à la vertu (1).

Lui-même, dans ses *Pensées diverses* (2), nous
apprend ce qu'il allait faire dans le monde et
quel but il s'y proposait ; c'est un des rares
passages qui nous font approcher de lui et qui
jettent du jour sur la gravité de ses pensées et
les mobiles de ses actions :

  « Il n'est point absolument contre l'état d'un
« religieux de voir le monde et de converser
« avec le monde : mais dans quelle vue doit-il
« y aller, et comment y doit-il paraître ? Comme

(1) Lettre du président de Lamoignon.
(2) Sur l'état religieux.

« l'ambassadeur d'un prince, va dans un pays
« étranger. Or le ministre d'un prince, pourquoi
« va-t-il dans une cour étrangère, et de quelle
« manière s'y comporte-t-il ? Il y va, non point
« de son mouvement, ni par une inclination
« particulière, mais précisément parce qu'il
« y est envoyé. Il ne pense point à y mé-
« nager d'autres intérêts que les intérêts de
« son maître. S'il y fait des liaisons, des
« connaissances, ce n'est que par rapport à son
« maître, et qu'autant qu'elles peuvent être
« utiles au service de son maître. C'est de con-
« cert avec son maître qu'il agit en tout ; de son
« maître qu'il prend tous les ordres ; à son
« maître qu'il rend compte de toutes ses dé-
« marches ; car il est l'homme du prince qui
« le député, et pourvu que ce maître qu'il sert
« soit content de son ministère, il lui importe
« peu que ceux auprès de qui il l'exerce l'ap-
« prouvent ou ne l'approuvent pas : ce ne sont

7

« pour lui que des étrangers, et ce n'est point
« d'eux qu'il fait dépendre sa fortune, ni chez
« eux qu'il a dessein de s'établir.

« Belle image d'un religieux qui, par une
« vocation apostolique, sort de sa retraite pour
« se communiquer au monde....... Il est l'hom-
« me de Dieu, et il ne s'emploie dans le monde,
« qu'à ce qui regarde Dieu, et qu'à ce qui
« peut glorifier Dieu. Voilà le point où il
« dirige toutes ses réflexions, toutes ses in-
« tentions, tous ses soins. Le reste ne l'affec-
« tionne et ne le touche en aucune sorte :
« tellement que s'il cessoit de trouver cette
« gloire de Dieu et ce bon plaisir de Dieu dans
« le commerce du monde ; il renonceroit à
« toute habitude au dehors, et se tiendroit pro-
« fondément enseveli dans l'obscurité d'une
« vie retirée et cachée. Mais que seroit-ce si,
« prenant l'essor et s'émancipant volontiers
« d'une certaine observance régulière, il

« voyoit le monde par goût ; si, dis-je,
« il voyoit le monde, parce que le monde lui
« plaît, parce que le silence et la solitude
« l'ennuient, parce qu'ennemi du travail qui
« applique, il cherche d'oisives conversations
« qui l'amusent ; s'il voyoit le monde pour
« se faire un nom, pour acquérir du crédit et
« de la réputation, pour s'insinuer auprès des
« grands et en être reçu avec distinction ; s'il
« voyoit le monde pour avoir part à ses dou-
« ceurs ? Chose bien déplorable, quand le
« monde, par un usage trop fréquent, devient
« à un religieux comme une demeure propre,
« tandis que sa propre maison, par le dégoût
« qu'il en conçoit, n'est plus pour lui que comme
« un lieu de passage ou comme un exil ! »

Son activité était infatigable et le travail de
la prédication ne suffisait pas à l'épuiser. Il
crut que rien ne convenait mieux à un prédicateur que « de cultiver ce qu'il avoit planté,

selon le langage de l'Ecriture, et de perfection-
ner dans le tribunal de la pénitence ce qu'il n'a-
voit proprement encore qu'ébauché dans la chaire. » Rien n'égalait son assiduité à entendre
les confessions ; il y passait des cinq et six
heures de suite, « et quiconque l'a connu jugera
aisément que le salut seul des âmes pouvoit
accorder une telle patience avec sa vivacité
naturelle (1). » Dans ces fonctions si pénibles,
il apportait son désintéressement habituel, ne
recherchant jamais les grands (2), et déclarant
à Mme de Maintenon que ses travaux l'empêche-

(1) Le P. Bretonneau.
(2) « Les grands, » parmi lesquels il avait de singuliers
clients : « A propos, le pauvre Pomenars fut taillé
« avant hier avec un courage héroïque. Il a été devant
« cette opération à confesse au grand Bourdaloue. Ah
« c'était une belle confession que celle-là ! Il y fut
« quatre heures : je lui ai demandé s'il avoit tout dit,
« il m'a juré qu'oui, et qu'il ne pèse pas un grain, car
« il a tout dit et vous savez qu'il n'est question que de
« cela : il n'a pas langui du tout après l'absolution,
« tout cela s'est fort bien passé : il y avoit huit ou dix
« ans qu'il n'y avoit été, et, c'est le mieux. » Sévigné,
12 janvier 1680.

raient de l'entendre plus d'une fois en six mois.
« En me privant du P. Bourdaloue, dit-elle, je
redoublai d'estime pour lui, car *la direction
de ma conscience n'étoit point à dédaigner.* »
Il recevait au contraire avec bonté les pauvres
et les petits, descendait avec eux, dans le
compte qu'il lui rendaient de leur vie, jusqu'aux moindre particularités, entrait dans leurs
besoins, et, plus sa réputation leur inspirait
de timidité, plus il s'étudiait à gagner leur
confiance. Il les allait trouver, s'ils étaient hors
d'état de venir eux-mêmes, adoucissait leurs
maux par sa présence et les laissait remplis de
consolation, charmés de son humilité et de sa
charité.

Chacun était d'ailleurs convaincu qu'il ne
bornait pas son ministère aux gens distingués
par leur naissance ou leurs emplois ; il prêchait
aussi volontiers dans les villages, dans les
hôpitaux, dans les prisons, qu'à la cour ou

dans les plus grandes villes. D'une *Exhortation
sur la charité envers les prisonniers*, je détache
ce morceau dont la note, plus tendre que d'ordinaire, accuse des scrupules et des sentiments
d'humanité bien rares de son temps, et même
de nos jours, où la société pseudo-républicaine
s'attribue encore le devoir de châtier, alors
qu'elle n'a que le droit de se défendre :

« Y a-t-il une misère pareille à celle des
« prisonniers ? ce sont les plus malheureux
« des hommes, puisqu'ils ont perdu le premier
« de tous les biens, qui est la liberté. Vous me
« direz qu'ils ont mérité de la perdre ; et moi,
« je vous dis que cela même supposé, c'est ce
« qui redoubleroit encore leur malheur d'avoir
« perdu le plus précieux de tous les biens, et
« de l'avoir perdu par leur faute. Mais je dis
« plus, et j'ajoute qu'il n'est pas vrai qu'ils
« l'aient tous perdu par leur faute, ce bien
« dont on est si jaloux dans toutes les condi-

« tions, et dont on fait dans cette vie le sou-
« verain bonheur. Car combien y en a-t-il
« parmi eux qui n'en sont ¦privés que par un
« pur revers de fortune ? Que peut-on imagi-
« giner de plus déplorable et de plus digne de
« compassion ? Figurez-vous, Mesdames, qu'un
« accident imprévu vous à réduites dans la
« même disgrâce ; que penseriez-vous de ceux
« qui, se trouvant en pouvoir de vous relever
« ou du moins d'adoucir vos chagrins, vous
« en laisseroient porter tout le poids et ressen-
« tir toute l'amertume ! Quelles plaintes en
« feriez-vous ! De quelle dureté les accuseriez-
« vous ! Quelle justice demanderiez-vous au
« ciel ! et dans vos transports, de quelles
« malédictions peut-être les frapperiez-vous ?
« Ce n'est pas assez ; *combien même parmi ces*
« *malheureux sont arrêtés pour des crimes*
« *qu'on leur impute, mais qu'ils n'ont pas*
« *commis, et attendent que leur innocence*

« *soit reconnue?* cependant que ne souffrent-ils
« point ? Ils se voient traités comme des cri-
« minels, déshonorés, resserrés dans une pri-
« son, qui seule leur tient lieu de supplice(1).
« Que comprenez-vous de plus désolant ? Mais
« je veux enfin qu'ils soient coupables et indignes
« de la liberté, ils n'en sont, par cette indignité
« même, que plus misérables. Les innocens
« ont le témoignage de leur conscience pour
« les soutenir ; mais ceux-ci dans leur propre
« cœur ont un bourreau domestique qui ne
« cesse point de les tourmenter. Dans l'attente
« d'un jugement dont ils ne peuvent se défendre
« et dont ils prévoient toute la rigueur, durant
« ces journées et ces nuits où, séparés de toute
« société et de tout commerce, ils n'ont dans
« l'horreur des ténèbres, qu'eux-mêmes avec
« qui raisonner, qu'eux-même de qui prendre

(1) N'est-il pas piquant de voir la détention préven-
tive prolongée et le secret de l'instruction flétris par
Bourdaloue !

« conseil, quelles réflexions les agitent ? Quelles
« vues de la mort et d'une mort ignominieuse,
« d'une mort violente et douloureuse ? Que
« d'idées lugubres ! que d'images effrayantes et
« désespérantes ! ajoutez à ces tourmens de
« l'esprit les souffrances du corps : un cachot
« infect pour demeure, un pain grossier et
« mesuré pour nourriture, la paille pour lit.
« Ah ! Mesdames, y a-t-il de l'humanité à
« ne leur pas donner dans ces extrémités les
« faibles soulagemens dont ils sont encore
« capables ? *Pour être criminels, ne sont-ce*
« *pas toujours des hommes ?* Chez les payens
« mêmes et chez les nations les plus féroces,
« on ne les abandonneroit pas ; et n'est il pas
« honteux que la charité chrétienne trouve en
« nous des cœurs moins compatissans et moins
« tendres qu'elle n'en a trouvé dans des infi-
« dèles. »

Ce magnifique plaidoyer, commencé avec

quelque embarras, quelques longueurs, accu-
mule à la fin les circonstances les plus propres
à exciter dans l'âme l'horreur et la pitié : c'est
le cri de l'éloquence au service de la bonté (1).

(1) Je me plais à citer aussi ce passage du sermon
sur l'*Oisiveté* : « Il s'agit de savoir si, lorsque Dieu prononça cette malédiction contre le premier homme, *In
sudore vultus tui vesceris pane* : Tu ne vivras désormais que du fruit de tes peines, il prétendit faire une
loi générale qui comprit toute la postérité d'Adam, ou
s'il en excepta certaines conditions et certains états du
monde ; s'il destina les grands et les riches à la douceur du repos, et les pauvres à la misère et à la servi-
tude ; s'il dit à ceux-ci : Vous arroserez la terre de
vos sueurs et à ceux-là : Vous n'en goûterez que les
délices........Un homme du monde qui passe sa vie
à de frivoles amusemens, à s'informer de ce qui se
dit, à contrôler ce qui se fait, à courir les spectacles, à
se réjouir dans les compagnies, à railler sans cesse ;
qui ne sait ni ce qu'il fera ni ce qu'il deviendra, quand
une assemblée ou une partie de jeu lui manque.......
une femme professant la religion de Jésus-Christ, tout
appliquée à l'extérieur de sa personne ; qui n'a point
d'autre exercice que de consulter un miroir, que d'étudier les nouvelles modes, que de parer son corps, toujours prête à s'ingérer dans les affaires d'autrui, ne
sachant rien et parlant de tout ; qui croit qu'elle accomplit toute justice quand elle va inutilement de visite en
visite, qu'elle en reçoit aujourd'hui et qu'elle en rend
demain..........Quand il n'y auroit point de christianisme, en jugeant de tout cela selon la raison, le
pourrions nous approuver ? »

« Mais où il redoubloit sa vigilance et ses
soins, c'étoit auprès des mourants. On avoit
souvent recours à lui pour leur annoncer
leur dernière heure et les y disposer. Se
croyant alors responsable de leur salut, il
leur parloit en homme vraiment apostolique ;
c'est ainsi qu'il s'acquitta des derniers devoirs
d'une amitié solide et chrétienne envers tant
d'amis que leur naissance, leur nom, leur mérite personnel, lui rendoient également respectables et chers (1). »

En décembre 1673, il fut chargé d'apprendre

(1) Le P. Bretonneau.

« Souvenez-vous, dit M. de Lamoignon, combien de fois
nous l'avons vu donner tous ses soins à un domestique,
à un homme de la campagne, et quitter pour cela, à
Bâville, une bonne et agréable compagnie. Et comment
la quittoit-il ? Etoit-ce en annonçant ce qu'il alloit faire ?
Lui seul savoit le bien qu'il faisoit : jamais personne ne
s'est fait moins que lui un mérite de sa vertu. »

En 1679, le Père Bourdaloue, nommé *Prédicateur
ordinaire du Roi*, reçut à ce titre une pension de quatre
cents écus. On devine à quelles générosités Bourdaloue,
qui n'avait point de besoins personnels, dut employer
cette gratification inattendue.

au maréchal de Grammont(1) la mort de son fils,
le comte de Guiche, qui avait fait oublier par
sa belle conduite dans les dernières campagnes
bien des folies de jeunesse. Le maréchal, ins-
truit de l'extrémité où était le jeune comte,
comprit le malheur qui le frappait quand il vit
paraître Bourdaloue. « Il se jeta à son cou, lui
disant qu'il devinoit bien ce qu'il avoit à lui
dire, que c'étoit le coup de sa mort, qu'il le re-
cevoit de la main de Dieu ; il se jeta sur un lit,
n'en pouvant plus. Le Père pleuroit, et n'avoit
encore rien dit ; enfin il lui parla de Dieu,
comme vous savez qu'il en parle, ils furent six
heures ensemble (2). »

(1) Un an auparavant, le 3 avril 1672, Mme de Sévigné
écrivait à sa fille : « Le maréchal de Grammont étoit
l'autre jour si transporté de la beauté d'un sermon de
Bourdaloue qu'il s'écria tout haut en un endroit : *Mor-
diou, il a raison* ! Madame s'éclata de rire, et le sermon
en fut tellement interrompu qu'on ne savoit ce qui en
arriveroit. »
(2) Sévigné, 8 décembre 1673.

L'année suivante — 1674 — il assistait le trop coupable chevalier de Rohan, décapité devant la Bastille pour crime de haute trahison. Le chevalier se livra au bourreau avec un courage et une résignation que le P. Bourdaloue ne fut peut-être pas seul à lui inspirer. A ses côtés, une malheureuse jeune femme, entraînée dans sa ruine, Renée-Maurice d'O de Villers, eût la tête tranchée quelques minutes après lui. De son cachot, elle lui avait adressé un adieu suprême dans une lettre qui nous a été conservée et qui porte l'empreinte d'une remarquable grandeur (1).

(1) « Si je vous connoissois moins de force d'esprit, je prendrois de grands soins de vous préparer peu à peu à la mort par le peu d'espoir que vous devez avoir en la vie ; mais comme vous n'avez jamais rien craint, je ne pense pas que vous ayez peur de perdre une vie que vous avez tant de fois méprisée et dont vous devez regarder la perte plutôt comme un bien que comme un mal puisqu'elle vous délivre de force misères, qu'elle vous sauve de nouveaux crimes et qu'elle vous ouvre une voie de faire votre salut, en offrant à Dieu votre mort en expiation de vos fautes.

A la fin du mois de juin 1681, Bourdaloue
fut appelé précipitamment à Port-Royal de
Paris pour y donner les dernières consolations
à la duchesse de Fontanges, qu'on venait d'y
amener mourante. Celle que La Fontaine appelait, un an auparavant :

« Charmant objet, digne présent des cieux ; »

celle que les courtisans disaient « sotte comme

Aussi bien êtes-vous une vraie victime que La Tréau-
mont a immolée à son ambition........ N'ayez donc plus,
monsieur, que de l'horreur pour toutes les pernicieuses
erreurs et les chimères qu'il vous avoit mises en tête.
Je ne souhaite de vous inspirer en cela que les sentimens dont j'ai l'âme remplie, car je voudrois de tout
mon cœur paroître criminelle à vos juges, afin de me
délivrer d'une vie qui ne m'est plus que très odieuse.
Je vous assure que je n'en demanderoi la prolongation
ni à Dieu, ni au Roi ; mais je suis assez malheureuse
pour que ma prison et mes ennemis, n'aient pu ternir
mon innocence..... Si quelque chose m'empêche de murmurer contre mon sort, c'est qu'il me laisse la liberté de
prier pour vous le reste de mes jours. Voilà de quoi vous
devez être certain, comme vous devez l'être que personne
n'étoit plus de vos amies que votre très humble servante,
                              Renée-Maurice d'O. »
Elle eut la tête tranchée le 27 novembre 1674, devant
la Bastille, après le chevalier de Rohan.

un panier ; » celle qui, à la messe du 1er janvier, couverte de pierreries, portait les mêmes
couleurs que le roi, gisait là, en proie au déses-
poir, et criait qu'on l'avait empoisonnée. Elle
meurt, et Louis XIV, qui semble reculer devant
la manifestation de la vérité, écrit aussitôt
« qu'il vaut mieux ne pas ouvrir le corps, si
on peut l'éviter (1). »

Mlle de Montpensier avait été l'une des

(1) Voyez P. Clément, *Mme de Montespan*, page 402,
et Saint-Simon : « Une mort prompte qui ne laissa pas de
surprendre. »
Port-Royal de Paris, aujourd'hui *Hospice de la Mater-
nité*, entre la rue Saint-Jacques et la rue d'Enfer. Voici
l'extrait de l'acte de décès de la malheureuse qui
tenait tant à être duchesse et qui le fut si peu de jours :
« Dame Marie-Angélique Descorail (sic) de Roussille,
duchesse de Fontange, décédée le 28 juin 1681, dans
une chambre d'une maison de l'abbaye du Port-Royal
sur la paroisse Saint-Jacques-du-Haut-Pas, fut inhumée
dans l'église du monastère, le 29 juin, en présence de
Mgr Anne-Jules, duc de Noailles, pair de France, premier
capitaine des gardes du corps du Roi, gouverneur pour
S. M. des comtés de Roussillon, Conflans et Sardaigne,
ami et parent de la défunte, et de Messire Anne-Joseph
Descorail Roussille Fontange, frère de ladite dame qui
signèrent. »

premières à apprécier le talent naissant de
Bourdaloue : c'est lui qu'elle fit venir, c'est à
lui qu'elle demanda les encouragements suprê-
mes, pendant la longue maladie qui termina ses
jours (1).

Enfin, deux ans plus tard, le maréchal de
Luxembourg, atteint subitement d'une inflam-
mation du poumon, mourut dans les bras de
Bourdaloue ; les enfants, les parents, laissaient

(1) Elle mourut dans son palais du Luxembourg, le
dimanche 5 avril 1693. Saint-Simon nous a raconté la
singulière aventure qui troubla ses obsèques : « Au milieu
de la journée, l'urne qui était sur une crédence et con-
tenoit les entrailles, se fracassa avec un bruit épouvan-
table. A l'instant, voilà les dames, les unes pâmées
d'effroi, les autres en fuite. Les hérauts d'armes, les
Feuillants qui psalmodioient, s'étouffoient avec la foule
qui gagnoit au pied. La confusion fut extrême. La plupart gagnèrent le jardin et les cours. C'étoient les entrailles mal embaumées qui, par leur fermentation,
avoient causé ce fracas. Tout fut parfumé et rétabli.
Ces entrailles furent portées aux Célestins, le cœur au
Val-de-Grâce, et le corps conduit à Saint-Denis par la
duchesse de Chartres, suivie de la duchesse de la Ferté,
de la princesse d'Harcourt et de dames de qualité. »

éclater leur douleur en sanglots bruyants : le
confesseur les reprit de ce qu'ils s'affligeaient
qu'un homme payât le tribut à la nature ; il
dit que le maréchal mourait en chrétien et en
grand homme, et que peut-être aucun d'eux
n'aurait le bonheur de mourir de la sorte.
« Pour en grands hommes, ajoute Saint-Simon,
aucun d'eux n'y était tourné ; en chrétiens, ce
sera leur affaire. »

Une fondation pieuse amena des relations
suivies entre la maison de Condé et les jésuites
de la rue St-Antoine. Le président Perrault avait
fait ériger dans leur église un mausolée à la
mémoire de Henri de Condé, son bienfaiteur,
mort en 1646. Ce monument, chef d'œuvre de
Sarazin et de Perlan, reçut successivement les
cœurs de Henri II de Condé, du grand Condé,
son fils, et de quelques autres princes de la famille. L'inauguration n'eut lieu qu'en 1683,
trente-sept ans après la mort du prince Henri,

8

et ce fut Bourdaloue qui prononça l'oraison
funèbre en présence du Grand Condé (1).

D'après Voltaire « Henri de Condé n'eut
d'autre gloire que d'être le père du Grand
Condé. »

(1) Bourdaloue avait cinquante et un ans quand il
prononça l'Oraison funèbre du prince Henri de Condé
que tout enfant, il avait connu à Bourges, gouverneur
du Berry. C'était là un doux souvenir qu'il ne manque
pas de rappeler : « C'est ici où, me citant moi-même
pour témoin, je pourrois, par ce que j'ai vu, confirmer
hautement ce que je dis : témoignage de l'enfance,
mais pour cela même témoignage non suspect, puisque
c'est de là que se tirent les louanges les plus pures et
les plus irréprochables. J'ai été nourri, Chrétiens, dans
l'une de ces provinces où le prince de Condé étoit, ne
disons pas le gouverneur, mais le tuteur, mais le con-
servateur, mais, si j'osois dire ainsi, le sauveur ; et je
sais, *puisque l'usage pardonne maintenant ce terme*,
jusqu'à quel point il y étoit *adoré* ; heureux de pouvoir,
dans un âge plus avancé, donner aujourd'hui des marques de la vénération qu'on m'a inspirée pour lui dès
mes tendres années ! Quelle joie ne nous apportait-il pas
lorsque quittant Paris et la Cour, il venoit nous visiter !
Il suffisoit de le voir pour oublier tout ce que la pauvreté et la difficulté des temps avoient fait souffrir. Il n'y
avoit point de calamité publique que sa présence n'a-
doucit. On étoit consolé de tout, pourvu qu'on le possé-
dât ; tant on étoit sûr de trouver dans lui une ressource
à tout ce qui pouvoit affliger. »

Victor Cousin a cru devoir relever le mot
trop juste de Voltaire. « Il nous le donna deux
fois en quelque sorte, dit-il, en imposant à cette
nature de feu, et toute faite pour la guerre,
la plus forte éducation militaire que jamais
prince ait reçue. » Elevé lui-même, sous les
yeux de Henri IV, par un Pisani, un le Fèvre,
Henri de Condé voulut à son tour « faire de ses
enfants des modèles de princes, en leur donnant
une éducation encore plus noble que leur naissance (1). » Ce sont les termes dont Bourdaloue
se sert, et l'éloge d'une préoccupation si méri-
tante est à peu près le seul qu'il pouvait donner
à un personnage en réalité sans grand mérite.

(1) Quoi qu'en dise Cousin, c'est Voltaire qui a vu
juste. La vie de Henri II de Condé était une pauvre
matière d'oraison funèbre. Prince sans conviction, il se
convertit au catholicisme et persécuta furieusement les
Huguenots pour faire oublier que lui même, en sa jeunesse, avait appartenu à la religion réformée. Dans les
guerres, il montra du courage, mais pas de talent. Trop
attaché aux richesses, il força son fils, le duc d'Enghien,
à épouser, sans amour, une nièce de Richelieu, Claire-
Clémence de Maillé-Brézé.

Ce n'est même, à vrai dire, qu'une transition
habile qui lui permet de reporter l'attention un
peu fatiguée de l'auditoire sur le fils du défunt,
le grand Condé, « le héros qui l'écoute. » Il
passe rapidement sur les exploits de guerre, les
prodiges de valeur, les journées glorieuses,
et nous montre le vainqueur de Rocroi au pied
des autels, faisant hommage de toute sa gloire
passée à la religion, n'assistant à cette funèbre
cérémonie que pour apprendre où doit aboutir
enfin tout l'éclat de sa réputation ; il saisit cette
occasion solennelle de toucher ce cœur « qui
commence à revenir à Dieu, » et, pris d'un saint
transport, comme hors de lui-même, il ose
faire des vœux publics pour sa conversion :

« Ces vœux, ô mon Dieu, sont trop justes
« trop saints, trop ardens pour n'être pas
« enfin exaucés de vous. C'est pour lui que nous
« offrons des sacrifices : il a rempli la terre de
« son nom, et nous, nous demandons que son

« nom, si comblé de gloire sur la terre, soit
« encore écrit dans le ciel. Vous nous l'accor-
« derez, Seigneur ; et ce ne peut-être en vain
« que vous nous inspirez pour lui tant de désirs
« et tant de zèle. Répandez-donc sur sa per-
« sonne la plénitude de vos lumières et de vos
« grâces.»

De ce moment Bourdaloue, ne se bornant
point à des prières, entreprit de ramener totalement cet esprit altier, encore hésitant, dont on
avait pu dire,— longtemps auparavant, il est vrai,
— « Belle âme devant Dieu, *s'il y croyait* (1) ! »
Bientôt il exerça la plus grande influence sur
les dernières années de Condé. Rencontra-t-il
d'abord quelque résistance ? On peut le croire
d'après certains passages discrets, mais signi-
ficatifs, de l'Oraison funèbre du Prince, qu'il
prononça dans la chapelle de la Maison
Professe, le 26 Avril 1687, six semaines après

(1) Gui-Patin, 6 décembre, 1657.

celle si célèbre que fit Bossuet à Notre-Dame.
« Non seulement Bourdaloue ne fut pas écrasé
par la comparaison, mais cette Oraison funèbre,
originale et neuve, se soutint à la lecture en
regard du chef-d'œuvre de l'évêque de Meaux.
Bourdaloue même y a peut-être l'avantage par
un côté : Il y resta plus réel, plus vrai, plus
d'accord en tout avec la chaire chrétienne (1). »

Rarement orateur avait choisi plus heureu-
sement son texte : « *Dixit quoque rex ad ser-*
« *vos suos : Non ignoratis quoniam princeps,*
« *et maximus, cecidit hodie in Israël?......*
« *Plangensque ac lugens, ait : Nequaquam*
« *ut mori solent ignavi mortuus est.* — MON-
« SEIGNEUR (2), c'est ainsi que parla David dans
« le moment qu'il apprit la mort d'un prince
« de la maison royale de Juda, qui avait com-

(1) Sainte-Beuve. *Causeries du Lundi.*
(2) Henri-Jules, fils du Grand Condé : il assistait à l'o-
raison funèbre de son père, comme celui-ci avait assisté
le 10 décembre 1683, à celle de Henri de Condé.

« mandé avec honneur les armées du peuple de
« Dieu ; et c'est, par l'application la plus heu-
« reuse que je pouvois faire des paroles de l'E-
« criture, l'éloge, presque en mêmes termes,
« dont notre auguste monarque a honoré le
« premier prince de son sang, dans l'extrême
« et vive douleur que lui causa l'annonce de
« sa mort. »

« *Nequaquam ut mori solent ignavi mor-*
« *tuus est*. Il est mort, mais non pas comme
les lâches mondains, ni comme les lâches
impies ont coutume de mourir. » Voilà
ce que constate Bourdaloue. Y avait-il donc
quelques doutes sur les sentiments derniers du
prince ? Il s'était converti, il s'était enfin dé-
claré « par un *changement* qui réjouissoit les
« anges et qui édifioit les hommes, qui consoloit
« les gens de bien et qui confondoit les impies.
« Quel coup de foudre pour ceux-ci, lorsqu'ils
« virent éclater les véritables sentimens de ce

« héros, duquel ils s'étoient jusque-là, quoique
« injustement, prévalu pour autoriser leur con-
« duite. Ce coup les atterra et les consterna. »

C'est qu'en effet le Prince s'était tenu longtemps sur la limite extrême où commence l'incrédulité. « Jamais homme, dit Bourdaloue, (à
« peine en excepterois-je saint Augustin) n'a
« tant examiné la religion, ni avec un esprit si
« éclairé ; et jamais homme ne l'a étudiée avec
« moins de précaution que lui, ni avec plus de
« danger de la perdre, c'est-à-dire avec un
« esprit plus curieux et plus éloigné de cette
« soumission aveugle que la religion demande. »

La conversion fut pourtant complète ; au
moins Bourdaloue l'atteste :

« Condé n'attendit même pas jusqu'à la der-
« nière heure : Persuadé qu'une conversion à
« la mort n'étoit qu'une conversion forcée, et
« qu'une conversion forcée ne pouvoit jamais
« être une conversion chrétienne, il en médita

« une qui, au moins de ce côté là, ne pût pas à
« lui-même lui être suspecte ; et il voulut par des
« épreuves solides de soi-même, se donner le
« loisir de se convaincre que c'étoit lui qui quit-
« toit son péché, et non pas son péché qui le
« quittoit (1). »

(1) Il est permis de chercher, sans se faire illusion,
dans quel véritable état d'une âme « si longtemps éloi-
gnée de Dieu, » se trouvait le prince de Condé dans
les dernières années de sa vie.

Le Père Hardouin, qui usa la sienne à crier *Athée
Athée !* à tous les déistes de son temps, rangeait pêle-
mêle, — et sans se tromper toujours, — dans son sin-
gulier livre *Athei detecti*, les esprits forts, sceptiques,
libertins, procédant plus ou moins de Montaigne ; c'é-
tait tout un pour lui, *unum et idem* : Descartes, Pascal
Bayle, Retz, Ninon, Des Barreaux, Saint-Pavin, Jansénius, Malebranche, le grand Arnauld, le bon Nicole, La
Mothe le Vayer, Saint-Evremont, Spinosa, Molière, Gas-
sendi, Huet, Chapelle, Hesnault, l'abbé de Lavardin,
La Rochefoucauld, [Hobbes ; Madame Des Houlières, —
qui, dit-on, avait oublié de faire baptiser sa fille ; —
l'abbé le Camus, Bussi, Vivonne, Mancini, de Guiche,
Manicamp, qui, pendant la semaine sainte de 1659,
baptisèrent un cochon à Roissy; — l'abbé Bourdelot,
le prince de Condé, la princesse Palatine, qui, « pour
savoir, » essayèrent de brûler un morceau de la Vraie
Croix.

Si les exagérations du Père Hardouin enlevaient
toute autorité à ses assertions, il n'était pourtant pas

Ces dispositions si prudentes, si pieuses,
remplissaient de joie l'âme de Bourdaloue. Il
ne pouvait s'empêcher, de s'attribuer quelque
part dans cette œuvre bénie qu'il appelait un

le seul à pousser le cri d'alarme. Leibniz écrivait en
1696 : « Plût à Dieu que tout le monde fût au moins
déïste ! » Nicole dans ses *Lettres* : « Sachez que la
grande hérésie du monde n'est plus le Calvinisme, que
c'est l'incrédulité, l'Athéisme ! » Le Père Mersenne
après avoir terminé son livre l'*Impiété des Libertins
combattue et renversée*, déclare qu'il se fait fort de citer
dans Paris soixante mille libertins !— Il y a, dit Bossuet,
un athéisme caché dans tous les cœurs qui se répand
dans toutes les actions; » et l'on trouve à peu près la
même *pensée* chez Bourdaloue : « Dans les premiers
siècles, des athées devenoient chrétiens ; maintenant
des chrétiens deviennent athées ! »

Le prince de Condé fut-il de ces derniers, ou bien
a-t-il passé « d'une profonde obscurité à une lumière
manifeste ? » Au lit de la mort, il affirma « qu'il n'avoit
jamais douté des mystères de la religion, *quoi qu'on eût
dit.* » — « L'ardeur de son génie, assure un de ses
biographes, le porta à examiner les différentes religions
du monde. Il lut avec avidité les livres des plus fameux
sectaires.... » Quel fut le résultat de cette curiosité, si
téméraire, si périlleuse que l'Eglise l'a toujours sévère-
ment interdite ?

Bossuet, comme Bourdaloue, dans les deux Oraisons
du prince ont triomphé aisément en jetant un voile sur
la longue incrédulité du mort, et en jurant sur la tombe
du Titan foudroyé et muet, que l'heure de Dieu, l'heure
de miséricorde et de grâce était venue à temps.. Ils

miracle de miséricorde (Il en avait connu les
difficultés). Aussi dans cette même chaire, à
quatre ans de distance (1), devant cet appareil
mortuaire, il se rappela la prière fervente
qu'il avait prononcée en présence du prince, et
si modeste qu'il fût, il laissa éclater tous les
sentiments dont son cœur était plein :

« Le diroi-je, chrétiens ? Dieu m'avoit donné
« comme un pressentiment de ce miracle ;
« et dans le lieu même où je vous parle aujour-
« d'hui, dans une cérémonie toute semblable à
« celle pour laquelle vous êtes ici assemblés,

avouent donc qu'il y eut une conversion, et cette conversion, ils l'appellent un *miracle* !

Il semble que le lion, par l'âge estropié, pleurant son
antique prouesse et promenant, triste et morne, dans
les allées de Chantilly, ses rêves déçus, ses chimères
inavouables, n'ait plus songé qu'à traîner tranquillement
sa vieillesse, à « mitonner son repos, » — c'est le mot
de Coligny, acceptant avec une molle indifférence les
dogmes qu'il était du bel air de professer autour de lui.

(1) Quatre ans séparent en effet les deux Oraisons
que Bourdaloue prononça dans la Maison Professe, le
10 décembre 1683, pour le prince Henri II de Condé, et
le 26 avril 1687, pour le grand Condé.

« le Prince lui-même m'écoutant, j'en avois non
« seulement formé le vœu, mais comme anti-
« cipé l'effet, par une prière, qui parut alors
« tenir quelque chose de la prédiction. Soit
« inspiration ou transport de zèle, élevé au des-
« sus de moi, je m'étois promis, Seigneur, ou
« plutôt je m'étois assuré de vous, que vous ne
« laisseriez pas ce grand homme, avec un
« cœur aussi droit que celui que je lui connais-
« sois, dans la voie de la perdition et de la
« corruption du monde. Lui-même, dont la
« présence m'animoit, en fut ému. Et qui sait,
« ô mon Dieu, si, vous servant dès lors de mon
« faible organe, vous ne commençâtes pas
« dans ce moment-là à l'éclairer et à le toucher
« de vos divines lumières ! »

A citer encore, dans cette Oraison funèbre,
une page magistrale. C'est bien l'un des plus
beaux morceaux qui aient jamais été écrits sur
« Monsieur le Prince, le héros, le grand Condé. »

« Je parle de cette ardeur martiale qui, lui
faisoit tout oser et tout entreprendre; de ce
feu qui lui rendoit tout possible et tout facile ; de
cette fermeté d'âme que jamais nul obstacle
n'arrêta, que nul péril n'épouvanta, que nulle
résistance ne rebuta ; de cette vigilance que rien
ne surprenoit; de cette prévoyance, à laquelle
rien n'échappoit; de cette étendue de pénétra-
tion avec laquelle il envisageoit d'abord tout
ce qui pouvoit ou troubler ou favoriser l'évé-
nement des choses; de cette promptitude à
prendre son parti, qui, sans avoir l'inconvé-
nient de la lenteur des autres, en avoit toute
la maturité ; de cette science qui le rendoit si
habile à profiter des conjonctures, à prévenir
les desseins des ennemis presque avant qu'ils
fussent conçus, et à ne pas perdre en vaines
délibérations ces momens heureux qui déci-
dent du sort des armées; de cette activité qui,
dans un jour de bataille, le partageant et le

multipliant, faisoit qu'il se trouvoit partout,
qu'il suppléoit à tout, rallioit tout et mainte-
noit tout; semblable à un aigle dont la vue
perçante fait en un moment la découverte de
tout un vaste pays. Soldat et général à la fois, et,
par sa présence, inspirant à tout le corps d'ar-
mée ce courage, cette valeur, ce sang froid
qu'il savoit si bien conserver dans la chaleur
du combat; cette tranquillité dont il n'étoit
jamais plus sûr que dans l'horreur de la mêlée;
cette modération et cette douceur pour les
siens, qui redoubloient à mesure que sa fierté
contre l'ennemi estoit émue; cet inflexible oubli de sa personne, qui n'écouta jamais la re-
montrance, et auquel il se fit toujours un devoir de prodiguer sa vie, et un jeu de braver
la mort ;.... car tout cela est le vif portrait que
chacun de vous se retrace, au moment que
parle, du Prince que nous avons perdu; et
voilà ce qui fait les héros! »

Dans l'intervalle de ces deux oraisons funèbres, les seules que Bourdaloue ait prononcées,
il fut mêlé, mais honorablement, à l'acte le
plus déplorable du règne de Louis XIV, la
révocation de l'édit de Nantes. Il devait prêcher
l'Avent de 1685 à la cour ; le Roi l'envoya à
Montpellier et lui dit : « Les courtisans enten-
dront peut-être ici des sermons médiocres,
mais les Languedociens apprendront une bonne
doctrine et une belle morale (1). » Les sermons *sur la Cérémonie des cendres ; sur la
Parole de Dieu ; pour la Fête de Saint-
Pierre* sont de cette époque, et édifièrent les
nouveaux convertis comme les catholiques. On
a dit qu'une conscience moins *zélée* que la
sienne eût hésité à accepter d'aller dans le
Midi (2), mais il suffit de parcourir les sermons
prêchés à Montpellier pour voir qu'il n'y apporta

(1) Dangeau, 16 Octobre, 1685.
(2) L'abbé Hurel : *Les Orateurs sacrés à la cour de Louis
XIV*.

que des paroles de paix, de persuasion et de
bénédiction pour le présent, d'oubli pour le
passé. Deux années avant la révocation, n'a-
vait-il pas dit, dans l'Oraison funèbre de Henri
de Condé :

« Edifions nos frères égarés, aimons-les,
« assistons-les : sans tant discourir, nous les
« convertirons. Gagnons-les par notre discours
« par notre douceur, engageons-les par notre
« prudence, forçons-les par notre charité, fai-
« sons-leur cette *aimable violence* que l'Evan-
« gile nous permet, en les conjurant de se
« réunir à nous, ou plutôt en conjurant Dieu,
« mais avec persévérance, et de les éclairer, et
« de leur inspirer cette réunion : ils ne résiste-
« ront pas. »

Nous avons aussi sur ce point le témoignage
du théologien Anglais Burnet qui vint à Paris
en 1683, et se fit conduire à la Maison Professe : « J'y vis, dit-il, le P. Bourdaloue estimé

le plus grand prédicateur de son temps et l'or-
nement de son ordre. C'étoit un homme d'un
caractère doux et de si peu d'emportement
contre les protestants, qu'il croyoit que les
gens de bien parmi eux pouvoient être sauvés.
Je n'ai jamais rencontré ce degré de charité
chrétienne chez ¦aucun autre théologien catho-
lique (1). »

Cependant, avec l'âge et les travaux, la fatigue se faisait sentir ; déjà Bourdaloue avait vu
disparaître un à un tous ceux qui l'avaient
encouragé, soutenu dans le cours de sa longue
carrière ; Guillaume de Lamoignon, Colbert,
Condé, le P. Rapin, Louvois, Mlle de Montpensier, puis Mme Sévigné, puis La Bruyère, puis
Racine (2). Dans la plénitude de son talent, sûr
encore du succès s'il l'avait recherché, il son-

(1) Cité par Sainte-Beuve, *Lundis.*
(2) Racine mourut en 1699 ; — Mascaron, le 20 novembre 1703 ; — Bossuet, le 12 avril 1704 ; — Bourdaloue,
un mois après, le 13 mai ; — Chrétien-François de Lamoignon, Boileau, Huet, leur survécurent jusqu'en
1709, 1711 et 1721.

gea à la retraite, et voulut finir ses jours « en
quelque maison de la province, où il pût se
recueillir davantage et vaquer uniquement à sa
perfection. » Ses démarches en ce sens furent
longtemps infructueuses, enfin, vers 1702 (1),
âgé de 70 ans, il écrivit au Général de la Compagnie la lettre touchante qu'on va lire, où
p rce la lassitude, et le vif désir de ne plus
s'occuper que de son propre salut, après avoir
tant fait pour celui des autres :

« Mon très révérend Père, Dieu m'inspire et
« me presse même d'avoir recours à votre Pater-
« nité pour la supplier, très humblement, mais

(1) Au commencement du xviiie siècle, le Général des
jésuites, à Rome, était un Espagnol, le P. Thyrse Gon-
zalès ; — le Père provincial de Paris, était le P. Tellier.—
le Supérieur de la maison Professe, le Père Valois, « jésuite mais meilleur homme que ceux-là ne le sont d'ordinaire, dit Saint-Simon, homme doux, d'esprit et de
talent, qui avait tenu pour M. de Cambrai, fut regretté
et le mérita. » Il mourut le 12 septembre 1700 ; son
successeur en 1704 était le Père Martineau. — Le Recteur de Louis-le-Grand était le Père Isaac Martineau,
remplacé, en 1702, par le Père Jacques Le Picart ; — Le
Bibliothécaire de la Maison Professe, le Père Daniel.

« très instamment de m'accorder ce que je n'ai
« pu, malgré tous mes efforts, obtenir du révé-
« rend père provincial. Il y a cinquante-deux
« ans que je vis dans la Compagnie, non pour
« moi, mais pour les autres, du moins plus
« pour les autres que pour moi. Mille affaires
« me détournent et m'empêchent de travailler,
« autant que je le voudrois, à ma perfection,
« qui néanmoins est la seule chose nécessaire.
« Je souhaite de me retirer et de mener désor-
« mais une vie plus tranquille, je dis plus tran-
« quille, afin qu'elle soit plus régulière et plus
« sainte. Je sens que mon corps s'affaiblit et
« tend vers sa fin. J'ai achevé ma course, et
« plût à Dieu que je pusse ajouter : j'ai été fidèle !
« Je suis dans un âge où je ne me trouve plus
« guère en état de prêcher. Qu'il me soit per-
« mis, je vous en conjure, d'employer unique-
« ment pour Dieu et pour moi-même ce qui
« me reste de vie, et de me disposer par là à

« mourir en religieux. La Flèche, ou quelque
« autre maison qu'il plaira aux supérieurs (car
« je n'en demande aucune en particulier, pourvu
« que je sois éloigné de Paris), sera le lieu de
« mon repos. Là, oubliant les choses du monde,
« je repasseroi devant Dieu toutes les années
« de ma vie dans l'amertume de mon âme (1). »

Cette lettre eut l'effet qu'il souhaitait, la
réponse de Rome fut favorable, il se disposait à
partir....? « Mais les mêmes Supérieurs qui
l'avoient arrêté la première fois se crurent
encore en droit de retarder son départ de quelques semaines, et de suspendre la permission
jusqu'à ce qu'ils eussent pu faire à Rome de
nouvelles remontrances. Elles touchèrent le P.
Général, et la dernière conclusion fut que le
P. Bourdaloue demeureroit à Paris, et conti-

---

(1) L'original de cette lettre est en latin ; la traduc-
tion est du Père Bretonneau.

nueroit à s'occuper de ses fonctions ordinaires (1). »

(1) Le P. Bretonneau.

Saint-Simon, partout et toujours, se montre peu favorable aux Jésuites. Ceci dit, le lecteur, averti, ne
lira pas moins avec intérêt, mais sous toutes réserves,
ce que le terrible chroniqueur raconte de l'ingratitude
de la Compagnie envers ceux qui l'ont servie avec le
plus de succès et de travail.

« Les Jésuites espions les uns des autres, jaloux de
ceux qui ont quelque autorité et considération, sont
encore merveilleusement ingrats envers ceux qui
ayant été dans les premières places, leur deviennent
inutiles par leur âge ou leurs infirmités. Ils les regar-
dent alors avec mépris, les laissent dans la plus triste
solitude et leur plaignent tout jusqu'à la nourriture....
Un d'eux qui avoit été Recteur de la maison Professe,
provincial de Paris, plusieurs années, assistant du Général à Rome, de retour à Paris, fut logé à la Maison
Professe, sous les tuiles, au plus haut étage dans la solitude, le mépris et le manquement... Un autre n'étoit
pas nourri, et je lui envoyai, plus de cinq mois, tous
les jours à dîner, parce que j'avais vu sa pitance, et
qu'il ne pût s'empêcher de m'avouer ce qu'il souffroit
du traitement qu'on lui faisoit. Un dernier, fort vieux
et fort infirme, n'eut pas un meilleur sort. Il me demanda retraite dans ma maison, y demeura plusieurs
mois, et mourut au Noviciat, quinze jours après qu'il y
fut revenu. Tel est le sort de tous les Jésuites, si on en
excepte quelques uns qui, ayant brillé à la Cour et
dans le monde par leurs sermons et leur mérite, et s'y
étant fait beaucoup d'amis, comme les P.P. Bourdaloue, La Rue, Gaillard, ont été garantis de la disgrâce,

On voit avec quelle candeur le père Bretonneau nous livre ces détails dont il ne sent certainement pas le côté odieux. Sacrifié sans pitié
à l'orgueil, à l'intérêt de sa compagnie, Bourdaloue n'eut pas un murmure ; le vieil athlète
crut obéir à l'ordre du ciel en se soumettant à
la volonté intéressée de ses Supérieurs. Il con-
tinua le combat, redoubla d'ardeur, et sans
consulter ses forces, se multiplia plus que
jamais, se prodiguant aux assemblées de charité, aux visites de prisonniers, aux confessions (1). La fièvre qui le minait depuis plusieurs semaines, ne l'empêcha pas de prêcher

parce que, étant visités souvent par des personnes de
la Cour et de la ville, la politique ne permettoit pas de
les traiter à l'ordinaire, de peur de faire crier tant de
gens considérables qui s'en seroient bientôt aperçus, et
qui ne l'auroient pas souffert sans bruit et sans scandale. »

(1). Le 22 octobre 1702, il alla à Meaux prêcher au
couvent des Ursulines, en présence de Bossuet.

En 1703, il prêcha, le 25 mars, jour de l'Annoncia-
tion, au couvent du *Précieux sang*, rue de Vaugirard.

En 1704, le dimanche gras, à Saint-Etienne-du-Mont,
pour les prières des quarante heures.

pour une vêture. Le dimanche 11 mai 1704,
jour de la Pentecôte, il put à peine achever de
dire la messe ; il reçut les sacrements le lendemain, mit ordre avec sang-froid à divers papiers,
entretint le P. Martineau de quelques affaires,
et le chargea d'un mot affectueux pour chacun
de ses amis. La fièvre le reprit ensuite avec
violence, et il expira le mardi, 13 mai, vers
cinq heures du matin. Il avait atteint sa soi-
xante-douzième année, et il avait passé cin-
quante-six ans dans sa Compagnie.

A peine sa maladie fut-elle connue que la
Maison Professe fut le théâtre d'une de ces
scènes qui flattaient à un haut degré la vanité des
Pères. Pendant deux jours, les personnes les
plus distinguées de la cour et de la ville affluè-
rent à la rue Saint-Antoine pour prendre des

En 1704, le 2 ou 3 mai, dans un couvent de femmes,
à la *vêture* d'une jeune fille de qualité, « pas assez riche
pour faire vœu de pauvreté. » Ce fut son dernier
sermon.

nouvelles. On n'y avait jamais vu une telle
foule depuis la mort du P. Cotton, le 19 mars
1626. Mais où le deuil fut le plus grand, ce fut
à l'hôtel Lamoignon. C'est là, on peut le dire,
qu'était sa vraie famille. « Une longue habitude
avoit formé entre nous, écrit Chrétien de
Lamoignon, une parfaite union ; la connaissance et l'usage de son mérite l'avoit augmentée ; l'utilité de ses conseils, sa prudence,
l'étendue de ses lumières, son désintéressement, son attention et sa fidélité pour ses amis
m'avoient engagé à n'avoir rien de caché pour
lui. Il se trouvera peu d'exemples d'un ami
dont on puisse dire ce que je dis de celui-ci.
Pendant quarante-cinq ans que j'ai été en commerce avec lui, mon cœur ni mon esprit n'ont
rien eu pour lui de secret. Il a connu toutes
mes faiblesses et mes vertus ; il n'a rien ignoré
des affaires les plus importantes qui sont venues
jusqu'à moi ; nous nous sommes souvent délas-
sés de nos travaux par les mêmes amusemens,

et jamais je ne me suis repenti de la confiance
que j'avois en lui. »

Boileau, qui l'avait si souvent eu pour hôte à
sa maison d'Auteuil, lui était également attaché. Leur talent avait plus d'une affinité ; tous
les deux, — tenons compte des différences
de leur position, — étaient caustiques, vifs,
prompts à la riposte ; ils prenaient plaisir à se
communiquer mutuellement leurs œuvres. La
présidente de Lamoignon, pour adoucir le
chagrin du poète, lui envoya le portrait de
l'ami qu'elle et lui pleuraient. Elle en reçut ces
vers pour remerciements :

Du plus grand orateur dont la chaire se vante,
M'envoyer le portrait, illustre présidente,
C'est me faire un présent qui vaut mille présents.
J'ai connu Bourdaloue, et dès mes jeunes ans,
Je fis de ses sermons mes plus chères délices.
Mais lui, de son côté, lisant mes vains caprices,
Des censeurs de Trévoux n'eut point pour moi les yeux ;
Ma franchise surtout gagna sa bienveillance.
Enfin, après Arnaud, ce fut l'illustre en France
Que j'admirai le plus, et qui m'aima le mieux.

Bossuet avait précédé d'un mois Bourdaloue
dans la tombe.

Lamoignon, Fléchier, Boileau, Fénélon, Huet,
lui survécurent quelques années ; il semblait
que le grand siècle, après avoir tout illuminé,
eût peine à s'éteindre, et prolongeât encore ses
pâles rayons sur le suivant.

« Dans la crypte de St-Paul-St-Louis, paroisse obscure aujourd'hui, reposent en pleine
terre, sans autre marque extérieure qu'une
plaque de plomb, ou une ardoise accrochée au mur,
les corps de près de deux cents religieux ; l'humilité
de leur dernière demeure les a mis à l'abri de toute
profanation. Combien peu d'étrangers entrant
dans cette église si calme, où se pressait autrefois
la foule quand Retz, Bossuet, Fléchier, Bourdaloue, y prêchaient, se doutent que sous leurs
pieds se trouvent des catacombes renfermant
plusieurs générations de morts illustres (1) ! »

(1) L'abbé Valentin Dufour : *Notice sur l'église Saint
Paul-Saint-Louis*.

Bourdaloue est l'un d'eux.

Une plaque de marbre, contre un pilier du dôme, en avertit le passant; on y lit cette inscription moderne, aussi modeste que celui qu'elle rappelle :

HIC JACET

BOURDALOUE

1632-1704.

et sur le pilier correspondant :

HIC JACET

P. D. HUET

Abrencensis episcopus

1630-1721.

Ainsi se sont trouvés rapprochés dans la mort ces deux hommes qu'une inaltérable amitié avait liés pendant leur vie.

V

J'ai dit que le succès de Bourdaloue fut immense. Pour ses contemporains, il est « le plus
grand, le plus éloquent des orateurs ; » c'est l'expression qui revient sans cesse à son égard ; les
rues sont trop étroites quand il prêche ; les carrosses, les laquais font une telle confusion que
tout le commerce en est interrompu. La mode
s'en mêle : on donne son nom à une étoffe, à
un ruban de chapeau. Pendant le carême de 1676,
Mademoiselle, après avoir entendu le prône à sa
paroisse (1), va bien vite, chaque samedi, à
St-Gervais, « pour ne pas perdre le sermon de
Bourdaloue. » Grâce à la liberté, très grande
alors dans les églises, l'enthousiasme y éclatait
souvent d'une manière bruyante. Lorsque le

(1) Saint-Sulpice ; elle habitait le Luxembourg.

P. Bretonneau nous dit : « Avec quelle attention Bourdaloue se faisoit écouter ! Combien de
fois s'est-on écrié dans l'auditoire qu'il avoit
raison ! » Il ne fait que traduire discrètement
l'exclamation énergique qui échappa un jour au
maréchal de Grammont : « Mordioux, il a raison ! » Une autre fois, à St-Sulpice, la foule
faisant du bruit, le Prince de Condé s'écria en
voyant apparaître Bourdaloue : « Silence ! voici
l'ennemi ! »

Les critiques du dix-huitième siècle lui con-
servèrent le premier rang. On connaît le passage célèbre de Voltaire : « Quand Bourdaloue
parut, Bossuet ne passa plus pour le premier
prédicateur. » Daguesseau, parlant des ouvrages de Fléchier, de Bossuet, du P. Bourdaloue, porte ce jugement remarquable :

« Sans vouloir faire ici des comparaisons
« toujours odieuses, entre ceux qui ont excellé
« chacun dans leur genre, le dernier est peut-

« être celui qu'on peut lire avec le plus de fruit,
« quand on se destine à parler pour prouver
« et convaincre. La beauté des plans généraux,
« l'ordre et la distribution qui règne dans
« chaque partie du discours ; la clarté et, si
« l'on peut parler ainsi, la popularité de l'ex-
« pression, simple sans bassesse et noble sans
« affectation, sont des modèles qu'il est plus
« aisé d'appliquer à l'éloquence du barreau,
« que le sublime ou le pathétique de M. Bos-
« suet, et la justesse, la mesure, ou la cadence
« peut-être trop uniforme de M. Fléchier. »

L'abbé Maury, tout en désirant chez Bourdaloue, plus d'élan, d'ardeur, plus de ce feu sacré
qui embrase l'âme de Bossuet ; plus d'éclat et de
souplesse, s'écrie : « Voilà donc, si l'on y ajoute
ce beau idéal, jusqu'où le génie de la chaire peut
s'élever, quand il est fécondé et soutenu par un
travail immense ! »

Ces éloges, cette distribution des rangs, n'ont

pas été acceptés de nos jours, il faut l'avouer,
sans de graves et nombreuses restrictions.
L'œuvre écrite de Bourdaloue a paru au des-
sous de sa réputation ; on s'est donc évertué à
remettre les choses en place et à démontrer que
les auditeurs de Bossuet et de Bourdaloue s'é-
taient bien trompés en accordant leurs préfé-
rences à ce dernier. D'une erreur aussi étrange,
si réellement erreur il y a eu, il fallait tenter des
explications ; celles qu'on a données sont sub-
tiles et reposent toutes sur la mise de côté de
l'action oratoire, qui a dû avoir tant d'influence
sur les témoins. M. Nisard, assez favorable en
somme à Bourdaloue, pense que le génie de
celui-ci le tenait plus près de l'auditoire, et que
Bossuet lui parlait de plus haut. Mais, ceci ad-
mis, depuis quand n'est-ce plus un mérite et une
condition de réussite que de savoir proportionner
sa parole et son enseignement à ceux à qui l'on
s'adresse ? « Bourdaloue travaille pour instruire,

pour édifier, convaincre, non pour étonner, entraîner, ravir ; c'est une méthode. » M. Sainte-Beuve, très sympathique, remarque que les gens du métier, les habiles ou les vertueux, qui ont étudié et pratiqué Bourdaloue à fond, ont gardé ou retrouvé, en l'appréciant, l'admiration qu'il inspirait autrefois ; que Bossuet, dans ses sermons, est inégal, inachevé ; que, de leur vivant, Bourdaloue était réputé le maître. « Respectons, ajoute-t-il, ces jugements de contemporains aussi éclairés, et sans doute le jugement de Bossuet lui-même. » De Bossuet, qui, ces derniers mots me le rappellent, fut jusqu'à sa dernière heure, l'auditeur fidèle de Bourdaloue (1). M. l'abbé Hurel (2), dans un chapitre hostile, mais néanmoins très étudié, et dont il faut tenir compte, constate à son tour l'insuccès de Bos-

(1) On voit dans le journal de Le Dieu que Bossuet assista à un sermon de Bourdaloue, le 22 octobre 1702. — Bourdaloue avait 70 ans, son auditeur 75.

(2) *Les Orateurs sacrés à la cour de Louis XIV.*

suet et la vogue de Bourdaloue : il s'en étonne
plus que ses devanciers; il en cherche bien de s
causes, parmi lesquelles il allègue l'appui de la
Compagnie de Jésus. Il combat « la théorie » de
M. Nisard qui accorde beaucoup aux qualités
extérieures chez Bourdaloue, et il finit, comme
lui, par conclure que Bourdaloue était pius que
Bossuet à la mesure de son auditoire.

Mais laissons-là ces comparaisons vaines, ces
discussions jamais closes, sur des questions mal
posées. Devant la postérité, Bourdaloue, confesseur, directeur, prédicateur qui n'a rien écrit,
rien publié, perd la meilleure partie de lui-même;
il est trop facilement écrasé par les œuvres bril-
lantes et variées qu'ont laissées ses rivaux : les
Oraisons funèbres, le *Discours sur l'Histoire
Universelle*, le *Traité* de *l'Existence de Dieu*,
voire même le *Télémaque*. Ne voyons donc
point en lui « un auteur; » cherchons l'homme,
cet honnête homme « à l'âme candide, au fond

de laquelle on lisait, tant elle était transparente et pure (1). »

Voilà, avec son talent réel, le secret de ce qu'il a valu et de ce qu'il a eu de plus remarquable : l'autorité. Joignez-y ces avantages extérieurs qu'attestent tous ceux qui l'ont connu, le feu, la facilité, la voix pleine, douce et harmonieuse (2), la rapidité entraînante, l'air aimable et ouvert, tout ce qui attire enfin, et vous comprendrez quel charme il a exercé, quelle confiance il a obtenue, quels fruits il a recueillis, quels regrets il a laissés !

Que dire de plus ?

« Il prêcha, consola, confessa et mourut (3). »

Son style n'a pas vieilli ; sa morale est trop souvent d'actualité.

(1) Expression de Huet.
(2) L P. Bretonneau.
(3) M. A. Vinet.

Utile à chaque instant de sa longue carrière, il peut l'être encore à ceux que cette étude ramènerait à la lecture de son œuvre. Puissent-ils dire avec moi :

« C'est avoir profité que de savoir s'y plaire. »

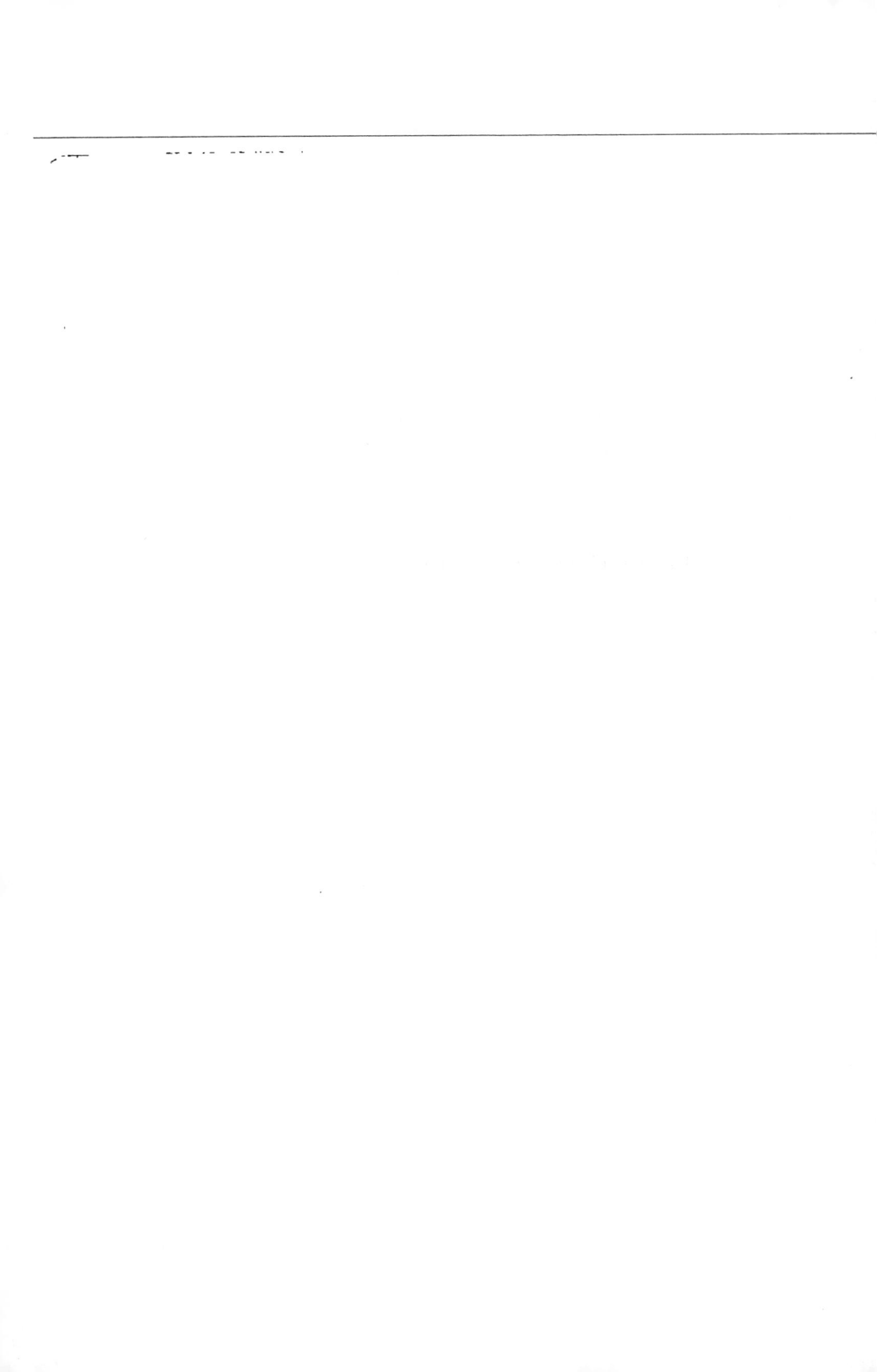

VI

APPENDICE

L'Hôtel de la Rochepot, appartenant à une branche de la grande famille des Montmorency, était situé, au commencement du XVIe siècle, dans la rue Saint-Antoine, à l'endroit même où est aujourd'hui l'église Saint-Paul-Saint-Louis. Des fenêtres, l'œil plongeait sur la rue Culture-Sainte-Catherine et sur la place où avaient lieu les joutes. En 1539, le jour où Charles-Quint fit son entrée à Paris, François Ier dîna dans cette maison avec la Reine et le cardinal de Lorraine et put admirer « un beau mystère que l'on joua sur un grand échaffaud. »

Vingt ans plus tard, le 29 juin 1559, au milieu des fêtes données pour célébrer la paix peu glorieuse de Cateau-Cambrésis, Henri II tombait en cet endroit, frappé par la lance de Montgomery :

Quem Mars non rapuit, Martis imago rapit.

Ce triste dénouement contribua à changer complètement l'aspect de la rue Saint-Antoine. Catherine de Médicis prit en horreur le palais des Tournelles qui fut vendu et démoli quatre ans plus tard. Déjà, en 1533, François Ier avait fait abattre ce qui restait de la porte *Baudet*, ainsi que des autres portes de l'enceinte de Philippe Auguste. Il ordonna pourtant que les images de la Vierge qui les ornaient fussent conservées et dressées dans les endroits les plus remarquables du voisinage (1).

Au milieu de la place, qui ne devait plus servir aux joutes, le cardinal René de Birague, chancelier de France, fit élever, en 1579, une fontaine, reconstruite depuis plusieurs fois, et qui, en dernier lieu, affectait la forme d'un élégant petit pavillon à six pans. Elle n'a disparu qu'en 1857.

(1) « On montra longtemps encore celle de la *Porte des Peintres*, rue Saint-Denis, conservée à l'angle d'une maison de l'impasse des Peintres. Le propriétaire l'avoit fait peindre et couronner d'un dais. Celle de la *Porte Saint-Honoré* fut placée à l'Oratoire. Je ne sais ce que devint celle de la *Porte Baudet*. » *Sauval*.

Enfin Madeleine de Savoie, veuve du connétable
Anne de Montmorency, vendit, en 1850, pour seize
mille livres, l'Hôtel de la Rochepot au cardinal de
Bourbon, qui voulait y établir la *Maison professe*
des Jésuites.

Les Jésuites n'avaient encore qu'une seule maison à Paris, le *collège de Clermont*, rue Saint-Jacques, qu'ils devaient à la libéralité de Guillaume
Duprat, évêque de Clermont, Grâce au cardinal de
Bourbon, ils eurent, rue Saint-Antoine, une retraite pour leurs *Pères profès*, c'est-à-dire pour
ceux qui, ayant reçu la prêtrise et prononcé les
quatre vœux de pauvreté, de chasteté, d'obéissance
à leurs Supérieurs et de soumission au Saint-Siège
constituent la Société par excellence, ont voix dans
l'élection des chefs de l'Ordre et peuvent être nom-
més eux-mêmes à tous les grades.

A peine en possession de l'Hôtel de la Rochepot, — à eux donné par le cardinal de Bourbon, en vertu d'un acte du 12 janvier 1580,
passé devant maîtres Roze et Croiset, notaires
au Châtelet, — les Jésuites démolirent le logis
principal sur la rue Saint-Antoine et construisi-
rent à la place une petite chapelle, sous le vocable
de saint Louis, l'ancêtre commun des Valois et des

Bourbons. Ce fut là l'humble commencement
d'une maison plus tard si célèbre (1).

Je n'ai pas à retracer ici les temps très troublés
que les Jésuites traversèrent : leur ingratitude
envers Henri III, qui les avait comblés de bienfaits
et avait pris leur Père Claude Mathieu pour confesseur ; — leur participation à la Ligue ; — leur
amour pour les Espagnols ; — l'attentat de Châtel
contre Henri IV ; — leur expulsion ; — leur retour ; — leurs démêlés sous Louis XIII avec l'Uni-
versité ; — l'influence de leur Père Garasse, ses
querelles humoriques avec Pasquier, Théophile,
des Barreaux, le peintre Daniel du Moustier, et
autres « libertins. »

*
*   *

L'Hôtel de Montmorency et la petite chapelle de
1580 ne suffirent bientôt plus au développement de la
Société à Paris. De 1618 à 1629, les Pères achetèrent
diverses maisons voisines et prirent pied des deux
côtés de la muraille de Philippe Auguste, acqué-
rant ainsi environ la moitié de l'*Hôtel des Prévôts*

(1) Cette première chapelle figure sur le plan de Vas-
salieu. La façade regarde le couchant comme les façades
des Feuillants et des Capucins, rue Saint-Honoré, qui
dataient du même temps ; elle était due peut-être au
même architecte, Baptiste du Cerceau.

de Paris (1). Sur les jardins de cet hôtel, ils cons-
truisirent les beaux bâtiments où sont maintenant
les classes du *Lycée Charlemagne* et qui règnent
sur les trois côtés de la grande cour. Dans l'une
des tours de l'enceinte, ils placèrent le grand escalier, et détruisirent celle qui, au coin de la rue des
Prêtres, avait fait partie de la poterne Saint-Paul.

Grâce à ces accroissements, ils purent songer à
remplacer la petite chapelle de 1582. Le roi
Louis XIII, accompagné de l'archevêque de Paris,
Jean-François de Gondy, posa la première pierre
de l'église actuelle, le 7 mars 1627 ; peu de temps
après, il prit La Rochelle, et, comme il s'était
chargé d'une partie de la dépense du nouvel édifice, on grava sur une médaille cette inscription
fastueuse : *Vicit ut David, œdificat ut Salomo*. Le
cardinal de Richelieu fit élever la façade à ses frais.

Les Jésuites avaient alors parmi eux deux archi-
tectes de renom : Le Père Martel-Ange et le Père
François Derrand. Le premier voulait imiter l'église
du *Jésus*, de Rome ; le second, dont on adopta les

(1) Hôtel d'Hugues Aubriot,puis de Jean de Montaigu,
de Robert et Jacques d'Estouteville ; reconstruit vers
1500, par Louis Malet, amiral de Graville.
La tourelle de l'escalier et un curieux corps de logis
existent encore dans le passage Charlemagne.

plans, fut certainement influencé par la beauté et
la réputation de la façade de Saint Gervais, achevée
à peine depuis six ans. L'analogie de la disposition
de ces deux façades est évidente, mais si l'on ana-
lyse leurs parties, on trouve que l'œuvre de Salo-
mon de Brosse l'emporte de beaucoup par ses
justes proportions, sa simplicité et la sévérité des
lignes. A Saint-Louis, au contraire, les ornements
de mauvais goût et d'une exécution négligée abon-
dent ; encore beaucoup ont-ils été supprimés (1).

A l'intérieur, l'église, bien éclairée, est disposée
comme toutes celles des Jésuites, en vue de la
prédication : tout est sacrifié à la nef, très longue
et très large en comparaison du chœur et des bas-
côtés. Autour de cette nef, du chœur et de la
croisée, règnent, sans interruption, des tribunes
pour l'auditoire d'élite qu'attiraient au dix-septième siècle les prédicateurs les plus renommés.
De vastes caveaux avaient été ménagés sous la nef
pour recevoir les corps des Pères (2).

(1) Ces suppression ont un peu effacé le caractère
particulier aux églises jésuitiques, mais on peut voir
l'édifice tel qu'il était en 1643, dans la monographie
publiée cette même année par le père Derrand, et re-
produite dans les *Monuments anciens et modernes* de
M. J. Gailhabaud.
2. Voir page 138 et 170.

ÉLOGE DE BOURDALOUE 155

L'église Saint-Louis fut bientôt l'église à la mode. Les Jésuites, dédaigneux de vains scrupules, n'avaient pas hésité à mettre de côté la tradition, et ils avaient tourné la façade vers le Nord, pour avoir leur entrée principale sur la rue Saint-Antoine, alors l'une des plus belles de Paris, par où se faisaient les entrées des rois, des princes et des ambassadeurs. L'édifice, à défaut de vrai mérite, attirait les regards de la foule par sa masse imposante et par la richesse de son ornementation. Les abords en étaient faciles (1), l'intérieur clair et agréable ; la vieille église paroissiale de Saint-Paul, basse, obscure, humide, fut presque abandonnée (2). On voit à plusieurs reprises les curés

(1) « A peine l'église étoit-elle achevée que S. E. le cardinal de Richelieu, s'apercevant qu'un détour que la rue Couture-Ste-Catherine (Sévigné) faisoit à son extrémité la plus voisine du portail empêchoit qu'on en vist l'aspect, tel que la majesté d'un tel ouvrage le requéroit, voulut qu'on fit apprécier les bastimens qui causoient cet obstacle, et que, les propriétaires ayant été satisfaits de ses deniers, on les fit abattre ; ce qu'étant exécuté, la rue s'est trouvée élargie presque de moitié, et l'aspect du portail rendu tout autre qu'auparavant. »

(2) Les cérémonies de Saint-Louis attiraient la foule par leur magnificence. « Le 5 janvier 1657, disent MM. de Villiers, voyageurs hollandais, nous fûmes l'après-disnée à l'église des Jésuites de la rue Saint-Antoine pour entendre le sermon de l'évêque de

de Saint-Paul se rendre à Saint-Louis, les jours
de grande fête, arracher eux-mêmes les nappes
mises pour la communion, et ordonner aux fidèles
de ne communier que dans leur église paroissiale,
selon les prescriptions de l'Assemblée du clergé
de 1625 (1).

* *

La clientèle qu'on se disputait ainsi était la fleur
de la noblesse de France et de la haute bourgeoisie parisienne. Toutes les grandes familles
habitaient encore, au moins pendant la première
moitié du règne de Louis XIV, le Marais, le quartier Saint-Paul et l'Ile Saint-Louis. L'émigration
au faubourg Saint-Germain n'eut lieu qu'un peu

Valence. Le Roy, la Reine, M. le cardinal et la plupart
des grands de la Cour y assistèrent. Tout autour de
l'église on voyoit plus de quatre mille cierges allumés,
outre les chandelles dont l'autel, fait en forme de ciel
et rempli de figures d'anges, estoit éclairé. *Par des
machines et des ressorts, ces petits anges ailés faisoient
descendre l'hostie jusque dans les mains de l'Evesque.*
Il y eut aussi une magnifique musique composée des
meilleu res voix de la musique du roi et aidée de celle
de l'église même qui est très excellente.»

(1) En 1653, on reprochait au curé de Saint-Paul,
Nicolas Mazure, « de faire sonner ses cloches à toute
volée pour empêcher d'entendre les sermons de ses
bons voisins, les Jésuites de la rue Saint-Antoine. »

plus tard et lentement. Au temps de la Fronde,
de la Seine à la Place Royale, nous comptons plus
de trente résidences, dont beaucoup existent
encore.

Au coin du quai des Célestins et de la rue du
Petit-Musc, l'hôtel où Gaspard de Fieubet (1),
chancelier d'Anne d'Autriche, réunissait les épi-
curiens Chapelle, des Barreaux, Colletet et Saint-
Pavin, gai bossu,

> Que ses bras d'une longueur extrême
> Et ses jambes presque de même,
> Font prendre le plus souvent
> Pour un petit moulin à vent.

A côté, sur le quai, au n° 10, l'Hôtel de *Nicolaï.*
Dans la rue Saint-Paul, à main gauche, un vieil
hôtel d'Angennes, au n° 5 ; puis au n° 7, l'Hôtel des
Bazin, seigneurs de *Bezons.*

En face, l'immense hôtel de *la Vieuville,* toujours existant ; démembrement de l'Hôtel Saint-
Paul, donné par François Ier à Gailliot de Ge-
nouillac, grand maître de l'artillerie, pour sa belle
conduite à la bataille de Marignan.

Le souvenir de la *Brinvilliers* remplit encore

_____

(1) Aujourd'hui *Eco'e Massillon,*

la rue Neuve-Saint-Paul. La marquise y habitait au n° 12, un hôtel de sévère aspect, parfaitement conservé, et occupé aujourd'hui par les sœurs garde-malades de Troyes.

Un peu plus à l'Ouest, l'*Hôtel de Sens*, vrai manoir féodal, avec tourelles, porte en ogive, et donjon carré à machicoulis. Le cardinal de Pellevé, si bien drapé dans la satire Ménippée, y réunissait les partisans de la Ligue, et Marguerite de Valois, l'épouse divorcée de Henri IV, y demeurait en 1606. Quand l'évêché de Paris fut érigé en archevêché, en 1622, les archevêques de Sens ne vinrent plus que très rarement à Paris. Leur hôtel abandonné fut mis en location, et, au commencement du dix-huitième siècle, devenu maison de roulage, il ne logeait plus que la diligence de Lyon et les carrosses d'Auvergne. *Sic transit gloria mundi!*

De ce côté, de jolis noms qui font rêver : rues de l'*Ave-Maria* ; du *Figuier*; du *Fauconnier*; des *Nonnains-d'Hyères*.

On voit encore, dans la rue de Jouy, l'*Hôtel d'Aumont* (1), dessiné par François Mansard. Le jardin, un vrai parc, s'étendait jusqu'aux pauvres

---

(1) Occupé aujourd'hui par la *Pharmacie centrale*.

maisons de la rue de l'Hôtel-de-Ville, auxquelles
il donnait l'air dont elles manquaient du côté de
cette rue, l'une des plus sordides de Paris.

Puis, rue Saint-Antoine (1), *l'Hôtel de Beauvais*, œuvre de Lepautre, qui attire les yeux par
sa cour ovale et son majestueux escalier. La façade
moderne a perdu tout caractère. On voit pourtant
encore, au dessus de la porte cochère, le balcon,
en saillie cintrée, d'où Anne d'Autriche assista, le
26 août 1660, à l'entrée dans Paris de Louis XIV
et de la jeune reine Marie-Thérèse.

En revenant vers la Bastille, voici certainement
la plus belle de ces demeures seigneuriales,
l'Hôtel que Jean du Cerceau construisit pour
Sully. Qu'il avait grand air, alors que les deux
pavillons, séparés par une terrasse (2), laissaient voir, de la rue, les trois côtés de la cour
d'honneur, et que le jardin s'étendait jusqu'au
petit Hôtel de la Place Royale (3).

(1) Dans la partie qui s'appelle aujourd'hui *rue Fran-
cois-Miron*.

(2) Sur cette terrasse, placée au dessus de la porte,
on a construit *deux étages de logements qui rapportent*,
mais ...... qui masquent totalement le noble aspect de
la cour.

(3) C'est par la porte du *petit hôtel* que Sully sortait,
dans sa vieillesse, pour se promener « sous les porches

Jacques Ier du Cerceau construisit, quelques
années après 1560, sur un terrain appartenant à
Diane de Poitiers, duchesse d'Etampes, rue Saint-
Antoine, à l'angle de la rue du Petit-Musc, l'*Hôtel
de Mayenne*, pour le frère du duc de Guise (1).

Sébastien Zamet, le favori trop complaisant de
Catherine de Médicis, de Henri III, de Henri IV,
et de Marie de Médicis, fit construire, rue de la
Cerisaie, un hôtel dont tous les contemporains ont
vanté la grandeur et la magnificence. Cette maison
devint la propriété de la famille de *Lesdiguières*
dont elle prit le nom. C'est là que Pierre le

de la place Royale. Ce bonhomme, plus de vingt-cinq ans
après que tout le monde avait cessé de porter des
chaisnes et des enseignes de diamants, en mettait tous
les jours pour se parer. Les passants s'amusoient à le
regarder. » *Tallemant.*

(1) « Maison précieuse aux Lorrains, — écrit Saint-Simon, en 1707, — pour avoir appartenu au fameux chef
de la Ligue, dont ils lui ont chèrement conservé le *nom,
les armes et l'inscription au dessus* de la porte, et où est
une chambre dans laquelle furent enfantées les dernières
horreurs de la Ligue, l'assassinat de Henri III, l'élection
de l'infante d'Espagne et du fils du duc de Mayenne pour
roi et reine de France, en les mariant et en excluant à
jamais Henri IV et toute la Maison de Bourbon. Cette
chambre s'appelle encore la *Chambre de la Ligue,* dont
rien n'a été changé depuis par le respect et l'amour que
les princes Lorrains lui portent. »

Grand séjourna, lors de son voyage à Paris, en 1717.

Si nous passons de l'autre côté de la rue Saint-Antoine, nous trouvons, à l'entrée de la rue des Tournelles, la maison que Jules-Hardouin Mansard se fit construire et que le séjour de Ninon a rendue célèbre. C'est du boulevard qu'il faut voir la jolie façade donnant sur le jardin.

François Mansard, l'oncle de Jules-Hardouin, mourut, sans postérité, rue Payenne. Dès 1650, il restaura et acheva *Carnavalet*, — œuvre exquise des Lescot, des Goujon, des Bullant, des Ponce, des du Cerceau, — comme pour le rendre digne d'abriter bientôt celle qui représente le mieux l'aristocratique élégance du dix-septième siècle. Harmonie admirable qui complète Jean Goujon par Sévigné ! Sans elle, l'Hôtel nous charmerait moins et elle-même ne pouvait trouver un cadre qui la fît mieux valoir. En octobre 1677, elle s'y installe ; elle y reçoit « mille visites en l'air, des Rochefoucauld, des Tarente, dans la cour, sur le timon de son carrosse. »

L'énumération seule de ces demeures princières est longue. Dans la même rue Culture-Sainte-Catherine, voilà l'hôtel *Pinon de Quincy* (1), puis

_____

(1) *Caserne des pompiers*. — Une partie est dans le nouvel alignement qu'ordonna le cardinal de Richelieu.

l'hôtel de *Chavigny*, démembrement de l'*Hôtel des
rois de Sicile* ; puis l'hôtel *Le Pelletier de Saint-
Fargeau* ; rue Saint-Louis, les hôtels de *Guénégaud*, *Turenne* et *Boucherat* ; rue Pavée, l'*Hôtel
des ducs de Lorraine*.

Presque en face de l'hôtel de Lorraine, au coin de la
rue des Francs-Bourgeois, on remarque encore à
présent l'hôtel commencé par Diane de France, et
continué par son neveu, le duc d'*Angoulême*, fils
de Charles IX et de Marie Touchet. Cet hôtel passa
ensuite à la famille de *Lamoignon*, dont il porte
toujours le nom.

La magnificence intérieure de ces hôtels ne le
cédait en rien à celle des dehors. A l'hôtel d'Aumont, Le Brun avait peint sur l'un des plafonds
l'*Apothéose de Romulus* ; le même peintre, avec
Mignard et l'Allégrain, décora la maison de Mansard. Partout se retrouvent les moulures, les
dessus de portes, les boiseries purement profilées.
A Carnavalet, Mme de Sévigné fait remplacer « les
vieilles antiquailles de cheminées » par des cheminées de marbre, la sienne en marbre blanc
d'Italie ; celle de Mme de Grignan en vert de mer.
A la même époque, l'architecte Robert de Cotte
substitue, sur les cheminées, les glaces aux tableaux
dont on les ornait auparavant. La duchesse de

Chaulnes, place Royale (n° 9), a une chambre de
parade, «attachée à un salon d'où il sort un jet d'eau
d'une hauteur considérable et tout éclatante de
miroirs qui l'environnent ; une antichambre em-
bellie de colonnes cannelées et étincelante de cris-
taux ; un ameublement à fond de soie, d'or et d'argent, dont le travail est plus admirable que l'é-
toffe ; des aigrettes de lit d'une beauté et d'un prix
extraordinaires ; quantité d'autres singularités qui
ont attiré l'attention de tout le monde et du Roi
même, qui quelquefois y est venu. »

Dans les salles, dans les galeries, sous les ombrages des jardins de ces hôtels du Marais, se
rencontrèrent Condé, Catinat, Turenne, le marquis
de Sévigné, Corbinelli, Ménage, l'abbé de Coulange,
Scarron, Retz, La Rochefoucauld, Voiture, Chape-
lain, Conrart, Pellisson, Fouquet, Sarasin, Bense-
rade, Ségrais, les Lamoignon, Racine, Boileau,
La Bruyère, le maréchal de Grammont, le comte de
Fiesque, le prince de Guémènée, le commandeur
de Souvré, Villandri, Dangeau, Coislin, Cavoie,
Guilleragues, Pomponne, du Lude, Rancé ; les ducs
de Candale, de Montausier, de Beauvilliers, de
Brancas, de Nevers ; mesdames de Hautefort, du
Vigean, de Sévigné, de Pringy, Des Houlières, de

Coulanges, de Longueville, de Scudéry, du Lude, de la Fayette, de la Suze, de Saint-Aignan, de Sablé, qui devaient pour la plupart former, en 1670, l'auditoire de Bourdaloue.

La piété des princes et de quelques grandes familles enrichit l'intérieur de l'église Saint-Louis et de la Maison Professe d'un si grand nombre d'objets précieux par leur valeur artistique ou matérielle que je renonce à les énumérer tous. On y montrait un tabernacle, des candélabres de vermeil, un grand soleil d'or orné de perles et de diamants ; dans la chapelle, du côté de l'évangile, le monument, chef-d'œuvre de Sarazin, élevé par Anne d'Autriche en l'honneur de Louis XIII ; il consistait en deux anges d'argent suspendus à la voûte, qui portaient en l'air l'urne de vermeil contenant le cœur du Roi (1).

Le talent de Sarazin brillait encore dans la chapelle de Saint-Ignace, où le président Per-

(1) Leur valeur vénale a causé leur perte. Ils furent transportés à la Monnaie en 1792 pour y être fondus et convertis en espèces.

rault (1), secrétaire des commandements de la maison de Condé, avait fait ériger un mausolée à la mémoire de Henri de Condé, le père du grand Condé (2). Quatre Vertus de bronze, assises sur des piédestaux de marbre noir, occupaient le centre de la chapelle, qu'entourait une balustrade de marbre noir. Deux Génies de bronze en défendaient l'entrée (3).

Il est de tradition que le grand Condé vint plusieurs fois faire des retraites à la Maison professe et qu'il habitait le premier étage du presbytère actuel, où l'on voit encore un très beau salon à trois fenêtres sur le jardin.

La maison de Bouillon avait ses monuments

(1) Le Président Perrault possédait, quai Voltaire, un splendide hôtel à cinq fenêtres de façade qui semble être celui de la librairie Champion, n° 9.

On en trouve la description détaillée dans le XVIᵉ *Bulletin de l'Histoire de Paris.*

Le président Perrault possédait aussi la terre d'*Angerville*, près Pithiviers, où est mort M. Berryer, le 29 novembre 1868. — On montre dans le château la chambre du grand Condé, avec le portrait du prince au plafond et celui de Mlle du Vigean, au dessus de la cheminée.

(2) J'ai dit déjà que Bourdaloue avait prononcé les Oraisons funèbres du père et du fils.

(3) Les originaux sont, je crois, à Chantilly, et les moulages en plâtre à Saint-Nicolas-du-Chardonnet.

funéraires de l'autre côté de la nef, en face de la chaire.

Cette chaire, dont Gaston d'Orléans avait fait les frais, était en fer doré, travaillé, selon tous les témoignages du temps, avec une extrême délicatesse par un artiste nommé François Le Lorrain. Elle a disparu à la Révolution.

Des quatre tableaux encadrés de marbre noir que Simon Vouet avait faits pour le transept, un seul occupe encore son ancienne place, à droite, du côté de l'épître ; il représente Louis XIII offrant à saint Louis, en présence de plusieurs jésuites et de grands du royaume (1), les plans de l'église qu'il lui dédiait.

D'autres tableaux précieux ornaient la sacristie et les diverses salles de la Maison : un *Ravissement de Saint-Paul*, sur cuivre, copie du Dominiquin, par Le Brun ;— *Moïse frappant le rocher*, par André del Sarte ; — une *Descente de Croix*, par Quintin Messius, d'Anvers ; — une *Nativité*, d'Annibal Carrache ; — La *Résurrection de Lazare*, par Sébastien del Piombo ; — un Albert Durer, *Prière au Jardin des Oliviers*; — une *tête*

(1) Il y a là plusieurs portraits qu'il serait intéressant d'identifier.

de Christ couronné d'épines, par Le Titien ; —
Saint-Jean-Baptiste prêchant dans le désert, par
l'Albane ; — La *reine Tomyris plongeant la tête
de Cyrus dans le sang de ce prince*, par Le
Brun ; — Le *roi Louis XIV, à cheval*, par Van-
der-Meulen, etc.

A la voûte du grand escalier, une *Assomption,*
peinte à fresque, bien dégradée aujourd'hui.

La bibliothèque occupait tout le second étage
du bâtiment au nord de la grande cour (1) ; c'est
une magnifique galerie éclairée par seize fenêtres
surmontées d'œils-de-bœuf, et longue de plus de
soixante mètres.

Le plafond légèrement cintré est décoré d'une
immense composition peinte à fresque par Ghérardini, et qui représente *La Société de Jésus
appelant les peuples sauvages dans le sein de la
Religion.*

Le cardinal de Bourbon, le médecin Varade, le
savant Ménage, avaient légué leurs livres à cette
bibliothèque, enrichie encore par bien d'autres

---

(1) La salle existe toujours. En 1860, on y faisait la
distribution des prix et les banquets de la Saint-Charle-
magne. Depuis elle a été coupée en plusieurs classes
par des cloisons et l'on ne peut plus considérer l'ensemble de la fresque de Ghérardini.

dons et de nombreuses acquisitions. Huet, le
célèbre évêque d'Avranches, avait aussi légué à la
Maison sa bibliothèque, composée de plus de huit
mille volumes, mais en spécifiant qu'elle serait
conservée dans un local à part. Chacun de ses
livres, marqué de ses armes (1), portait ces mots:
Ne extra hanc bibliothecam efferatur (2). Enfin
les curieux admiraient un beau cabinet de médailles dû aux soins du Père de la Chaize, qui était
un amateur distingué, et d'un numismate, esti-
mable malgré quelques erreurs, le Père Chamillard, compatriote et parent de Bourdaloue.

*
* *

Telle était cette Maison professe, où pendant
plus d'un siècle, de 1640 à 1762, l'époque la plus
florissante de l'Ordre, vinrent se retirer, pour

(1) D'azur à deux hermines d'or en chef, et trois grelots
sonnants, de même, en pointe.
(2) Lors de l'expulsion des Jésuites, en 1763, la bibliothèque de Huet fut d'abord mise en vente. Le dernier légataire de Huet, M. de Charsigné, y mit opposi-
tion, et un arrêt du Conseil lui donna gain de cause le
15 juillet 1765. L'impératrice de Russie lui fit offrir
cinquante mille écus de la bibliothèque de son oncle.
Il refusa et en fit hommage à Louis XV, qui lui assura
une rente de dix-sept-cent-cinquante écus.

mettre un intervalle entre l'étude et la mort, tant
d'hommes distingués par leur science et leur
esprit : les Caussin, les Annat, les de la Chaize,
les de Lignières, qui confessaient les rois ; des
prédicateurs comme Lingendes, Gonnelieu, Gaillard, Cheminais et Bourdaloue ; des littérateurs
pleins d'érudition comme Huet, Brunoy, Du-
halde, et le breton Tournemine, dont les courtisans goûtaient l'érudition, et qu'on rencontrait avec
Cavoye dans les jardins de Versailles, avec d'Antin
sous les ombrages de Petit-Bourg (1) ; Daniel, le premier qui, selon Augustin Thierry, ait fait du talent
de peindre la première qualité de l'historien ; le
Père Ménestrier, dont on consulte toujours la
méthode de blason ; le Père Lemoyne, qui tenta
l'œuvre difficile de donner un poème épique à la
France ; le Père de la Rue, l'ami de Corneille, le
confident et le consolateur de sa triste vieillesse.

*
* *

(1) Le P. Tournemine ne mourut qu'en 1739. Son
mérite, son grand nom, lui donnaient une indépen-
dance complète, et il en usait pour accueillir des per-
sonnages appartenant aux camps opposés : « J'ai vu
ensemble dans sa cellule, — écrit Grosley, — Voltaire
et Le Franc de Pompignan ; Piron et l'abbé Desfon-
taines ; Le Sage et Montesquieu. »

La Révolution a ignoré les cryptes de Saint-Louis, où reposent en pleine terre, sans autre marque extérieure qu'une plaque de plomb ou une ardoise accrochée au mur, les corps de près de deux cents religieux. L'humilité de leur dernière demeure les a mis à l'abri de l'orage, mais leurs noms appartiennent à l'histoire des deux derniers siècles. Combien peu d'étrangers, entrant dans l'église, aujourd'hui si calme, où se pressait autrefois la foule quand Maimbourg, Cheminais, Mascaron, Bourdaloue, Bossuet, Fléchier, y prêchaient, se doutent que, sous leurs pieds, se trouvent des catacombes renfermant plusieurs générations de morts illustres.

TABLE

Il y a déjà quelques années................... 5

I.

Bourdaloue prêche aux Tuileries sur la sévérité de la pénitence........................ 8

II.

La jeunesse de Bourdaloue.... 19

III.

La prédication de Bourdaloue............... 27

IV.

Bourdaloue et ses contemporains............ 88

V.

Bourdaloue et la postérité.................. 140

VI.

Appendice................................. 149

Le Mans. — Typographie Ed. Monnoyer. —

TYPOGRAPHIE

EDMOND MONNOYER

LE MANS (Sarthe)

PETITE BIBLIOTHÈQUE

HISTORIQUE ET LITTÉRAIRE

Le Père Lacordaire, par le Duc de Broglie. *Paris*, 1888, in-12. **3 fr. 50**

Lettres de France, de Von Vizine à sa sœur à Moscou, traduites par un Russe, avec une Introduction par le Vicomte Melchior de Vogüé, de l'Académie française. *Paris*, 1888, in-12..................... **3 fr. 50**

Très curieuses observations sur la France de Louis XVI, consignées dans la correspondance intime du grand poète comique de la Russie.

Le Poète Fortunat, par Ch. Nisard, de l'Institut. *Paris*, 1890, in-12. **3 fr. 50**

Ce livre, qui fut le dernier travail de M. Ch. Nisard, si connu par tous ses livres d'érudition et de critique, contient en tête une biographie charmante de ce savant si modeste et si bon. Tous ceux qui l'ont connu, et ils sont nombreux, voudront lire cette biographie pleine de détails sur la famille illustre des Nisard qui joua un rôle si considérable dans le monde universitaire. On a ajouté une bibliographie des ouvrages de Ch. Nisard, pleine de détails piquants et que seul un membre de la famille pouvait connaître.

La Journée de Rocroy, par le Duc d'Aumale. *Paris*, 1890, in-12. **3 fr. 50**

Cet extrait du grand livre de Monseigneur le Duc d'Aumale, sur l'histoire des Princes de la maison de Condé, renferme l'admirable récit de la bataille de Rocroy. Nul ne détaille avec plus de précision que le duc d'Aumale les diverses phases d'une bataille : en la lisant on croirait lire le récit d'un témoin oculaire.

La Journée de Fontenoy, par le Duc de Broglie. *Paris*, 1890, in-12.

3 fr. 50

Le récit de la bataille de Fontenoy, du Duc de Broglie, peut prendre place à côté de la bataille de Rocroy, de S. A. R. le Duc d'Aumale. L'auteur y égale Voltaire dont il s'est inspiré : rien n'est plus intéressant et plus instructif que la comparaison des deux récits : elle nous montre à un siècle de distance deux grands esprits portant un jugement analogue sur un des plus beaux faits d'armes de notre histoire.

De la Formation de l'Unité française, leçon professée au Collège de France, le 4 décembre 1889, par A. Longnon, membre de l'Institut. *Paris*, 1890, in-12.....................,.... **1 fr. 50**

Discours prononcés par Mgr le Comte de Paris, à New-York et à Québec. *Paris*, 1891, in-12. .... **1 fr. 50**

L'Agenda de Malus. Souvenirs de l'expédition d'Egypte (1798-1801), publiés et annotés par le Général Thoumas. *Paris*, 1892, in-12........... **3 fr. 50**

Souvenirs du Général Marquis de Pimodan (1847-1849), avec une introduction et des notes par un ancien officier. *Paris*, 1891, 2 vol. in-12 portraits et cartes.................................... **10 fr.**

Larroumet. La Maison de Victor-Hugo. Impression de Guernesey. *Paris*, 1895, in-8. Portrait...... .... **3 fr. 50**

France L'Elvire de Lamartine. Notes sur M. et Mme Charles. *Paris*, 1893, in-12.. **3 fr. 50**